GIN BUCH

Das große Cocktailbuch
- 111 geniale Gin Rezepte zum selber mixen

Alles über Botanicals, Gin Tonic, Herstellung uvm.

Calvin Williams

1. Auflage - 2020

INHALTSVERZEICHNIS

Der Gin und sein großes Comeback!

Viele Spirituosen erleben aktuell ein echtes Rivaval. Allen voran der Gin. In den letzten 10 Jahren hat er sich heimlich still und leise hat der Hochprozentige sich an die Spitze gemausert und erlebt im Moment ein ganz großes Comeback. Die Zeiten, in denen er lediglich in Schwarzweißfilmen, Gentelmen Clubs oder unter älteren Herren Anwendung genoss sind lange vorbei. Der Gin ist wieder in. Die Spirituose erlebt im Moment einen Aufschwung, die nahezu an die gute alte Zeit des British Empire erinnert, als der Gin in aller Munde war. Der Siegeszug des Gin geht weit über Deutschland hinaus. Auf der ganzen Welt entstehen verschiedene kleine Destillerien mit regionalen Gin-Sorten. Die Gründe dafür liegen ganz klar auf der Hand. Der Gin genießt unter den Spirituosen einen ganz besonderen Status. Seine Zusammenstellung bietet viel Spielraum für Möglichkeiten, geschmackliche Nuancen und Facetten. Die aktuelle Angebotspalette des Gin ist mit der von Wein oder Bier vergleichbar. Kaum eine andere Spirituose kann das von sich behaupten.

Seien wir einmal ehrlich. Selten war es so schön und so einfach in die interessante Welt des Gin abzutauchen als jetzt. Barkeeper, Gin Start Ups und Cocktail-Fans geben dem Recht. Das Revival des Gin ist nicht nur ein Gewinn für Ihre Region und Ihre Hausbar. Es bewirkt zwangsläufig eine Renaissance der verloren geglaubten Barkultur sowie einer Neuorientierung in der populären Cocktail-Szene. Gin ist ein Wohlgenuss für Nase und Gaumen. Aber Vorsicht. Gin wird nur sehr selten pur oder „on the rocks“ getrunken. Man trifft ihn viel häufiger als elementaren Bestandteil zahlreicher begehrter Longdrinks oder Cocktails.

„Drei Teile Gordon's, ein Teil Wodka und einen halben Teil Kina Lillet". So lautet die Bestellung von **007** in **„Casino Royal"**. Der Lieblingsdrink des Geheimagenten James Bond wurde das erste Mal in Flemmings Romanreihe erwähnt. Ganz wichtig bei diesem Drink ist: Er wird „Geschüttelt, nicht gerührt". Bond-Darsteller wie beispielsweise Sean Connery, Roger Moore oder Daniel Craig mussten diesen wichtigen Satz unzählige Male in diversen Bars aufsagen. Die Abkürzung „Gordon`s" steht natürlich für nichts anderes als für die bekannte Gin-*Marke Gordon`s London Dry Gin*. Er ist Bestandteil vieler Hausbars und Dauergast in einer Vielzahl von Restaurants, Bars oder Supermärkten. Der fiktive Charakter James Bond gilt als Erfinder des „Vesper Martini" - eine der unzähligen Cocktails auf der Basis eines Dry Martinis. Viele Bond-Anhänger und Gin-Liebhaber wandeln (bewusst oder unbewusst) auf den Spuren des Geheimagenten, wenn sie beim Kellner diesen Drink bestellen.

Aber nicht nur der „Vesper Martini", auch andere Gin-Cocktails genießen Weltruhm. Verwiesen sei hierbei explizit auf den „Gin Fizz", den „Gin & Tonic", den „Aviation" oder den „Bees Knees". Dies sind allerdings nur einige wichtige Cocktails auf Gin-Basis. Es existieren unzählige weitere Cocktails oder Longdrinks, welche sich mehr oder weniger in der Szene etabliert haben. Die Gin-Cocktail-Karte in Bars und Restaurants ist lang und interessant. Ein jeder ist dabei eine Sünde Wert. Neben den Klassikern tummeln sich auch zahlreiche „Underdogs", welche erst jetzt so langsam aus dem Schatten treten. Erwähnenswert wären hierbei der „Gin Basil Smash" oder der „Brakfast Martini".

In diesem Buch haben alle – Oldies und Newcomer – ihren großen Auftritt. Doch bevor es ans Probieren der über **100 Cocktail-Rezepte** geht, müssen wir noch ein wenig über den Hauptaktuer **„Gin“** als solches sprechen. Wo liegen seine Wurzeln? Was zeichnet ihn aus? Wie trinkt man ihn?

Auf den Spuren des Gin

Wer an Gin denkt, der denkt automatisch an England und London. Die Geschichte der Spirituose ist eng mit dem Inselreich und seiner Hauptstadt verwurzelt. Allerdings liegt dort nicht die Wiege des Gins. Die Spirituose trat das erste Mal in den Niederlanden des 16. Jahrhunderts in Erscheinung. Die reichhaltigen Wacholderernten in Verbindung mit dem aktiven Gewürzhandel mit Südostasien brachten die Bevölkerung dazu, simple Brände aus Weizen, Gerste oder Roggen mit eben jenen Zutaten zu aromatisieren. Dies war die Geburtsstunde des Genever.

Erst durch die Königin Elizabeth I belangte der Genever zufällig nach England. Das britische Militär, welches 1585 die niederländischen Protestanten in ihrem Kampf um eine Unabhängigkeit von den katholischen Spaniern zur Seite stand, brachte das Getränk mit nach Hause. In Anlehnung an seine Herkunft erhielt der Genever von ihnen den Namen „Dutch Courage", was so viel wie „holländischer Mut" bedeutet. In England nahm die Geschichte des uns vertrauten Gins dann Fahrt auf.

Ungefähr 1 Jahrhundert später betrat ein Holländer, William III. von Oranien-Nassau, den Thron von England. Unter ihm verbreitete sich der Gin wie ein Lauffeuer im ganzen Land. Während man für Bier oder anderweitige Spirituosen Steuern zahlte, blieb der Gin steuerfrei und somit preiswerter. Die Nachfrage nach Gin stieg kontinuierlich an. Das Resultat war die Entstehung sogenannter „Gin Shops" im ganzen Land. Allein in London schossen binnen kürzester Zeit nahezu 7.000 davon aus dem Boden.

Doch nicht alle standen dem Aufstieg des Gins positiv gegenüber. Bis 1750 hatte sich der Pro-Kopf-Verbrauch von Gin in England auf 60 Liter erhöht. Alkoholismus wuchs somit zu einem öffentlichen Problem heran. Die Regierung versuchte in Form der sogenannten Gin Acts diese Problematik in den Griff zu bekommen. Durch Steuererhöhungen und Schanklizenzauflagen versuchte man den Gin-Konsum auf ein gesundes Level zu senken. Sie konnten damit allerdings nur Teilerfolge für sich verbuchen. Obgleich weniger Gin getrunken wurde, blieb der Gin weiterhin in den Köpfen der Bevölkerung existent.

Ungefähr 1 Jahrhundert schaffte die Spirituose ihren Sprung über den großen Teich. Die US-amerikansichen Prohibitionsgesetzte bewirkten eine Hochkonjunktur des Gin in den Vereinigten Staaten. Die Spirituose ließ sich sehr einfach herstellen, war preiswert und benötigte nur wenig Equipment. Dies ebnete dem Alkohol den Weg. Das Brennen konnte also in geheimen Hinterzimmern erfolgen. Die daraus resultierende schwankenden Qualität und der manchmal fragwürdige Geschmack wurden - anders als bei anderen bekannten Bränden - zumindest teilweise durch die Aromen der Zusatzstoffe überdeckt. Der Gin wurde DAS Symbol der Speakeasies.

Die Legende besagt, dass der damalige Präsident Franklin D. Roosevelt die Löschung des 21. Zusatzartikels zur Verfassung die Prohibition 1933 in den USA mit einem Glas Martini feierte. Das Aufkommen der Bar- und Cocktailkultur in den größeren Städten des Landes öffnete dem Gin Tür und Tor. In dieser nun anbrechenden zweiten Blütezeit der Spirituose entstanden nahezu alle klassischen Gin-Cocktails. Der „Martini", der „Tom Collins", der „Gibson" oder der „Pink Gin" sind allesamt Kinder dieser Zeit.

Die wichtigsten Gin-Vokabeln

Um den Gin und vor allem die Gin-Liebhaber besser zu verstehen, braucht es, im Vergleich zu Wein oder Whiskey, recht wenig Fachjargon und Fachwissen. Es existieren allerdings einige wenige Gin-spezifische Termini, die etwas häufiger in den Mund genommen werden. Deshalb sind hier die wichtigsten Gin-Vokabeln kurz aufgeführt und erklärt.

Botanical: Unter Botanicals versteht man die unterschiedlichen Zutaten auf pflanzlicher Basis, welche für die Aromatisierung des Gins notwendig sind. Populäre Botanicals wären beispielsweise Wacholder, Koriander, Süßholz, Zitronenschale, Mandeln oder Engelwurz. Die Möglichkeiten sind grenzenlos und der Kreativität nahezu keine Grenzen gesetzt. Man kann zwischen weit über 100 verschiedene Botanicals wählen. Die diversen Früchte, Samen und Rinden sind elementare Beigaben unzähliger Gins. Bei den klassischen Dry Gins und London Dry Gins sind es selten mehr als ca. 10 pro Rezeptur. Bei den neueren New Western Dry Gins sieht die Sachlage allerdings ganz anders aus.

Compound: Unter Compound Gin versteht man einen nur einfach gebrannten Gin. Er wird lediglich durch reines Einlegen und Ziehenlassen der jeweiligen Botanicals aromatisiert. Ein weiterer Brennvorgang findet nicht statt. Dieses Verfahren gilt allerdings als weniger hochwertig. Aus eben diesem Grund werden die Mehrheit der Gins zweifach gebrannt. Compound Gin differenziert sich von den anderen Arten durch eine abweichende Farbgebung. Diese erhält er, weil die eingelegten Pflanzenstoffe nicht nur die Geschmacks-, sondern auch die Farbstoffe an den Alkohol abgeben. Im Gegensatz zu den zweifach gebrannten Gins ist der Compound Gin keine klare Spirituose.

Genever: Der Genever ist der Stammvater des Gin. Er ist die Urform aller handelsüblicher Gin-Arten. Er war, wie im vorangegangenen Kapitel bereits angesprochen, in erster Linie in Belgien und den Niederlanden weit verbreitet. Der Unterschied zum zeitgenössischen Gin liegt im Herstellungsverfahren. Die Basis des Genevers ist eine Getreidemaische. Im Regelfall handelt es sich dabei um Korn, Roggen oder Gerste. Erst im zweiten Schritt, nach einer kurzen Lagerung, wird diese mit einem klaren, hochprozentigen Destillat (Genever hat einen Alkoholgehalt von mindestens 37,5%) vermengt, welches mit Kräutern, Früchten und Gewürzen, aber vor allem mit Wacholder aromatisiert wird. Dieses Destillat weist deutliche Parallelen zum bekannten Dry Gin auf. Im Hinblick auf Farbe und Geschmack zeigen sich allerdings gewisse Unterschiede. Die Bezeichnung „Genever“ (und somit auch „Gin“) hat ihren Ursprung in der französischen Vokabel „genièvre“. Das bedeutet so viel wie „Wachholder“.

Juniper Forward: Die Vokabel „Juniper“ stammt aus dem Englischen. Es bedeutet übersetzt so viel wie „Wacholder“. Ein Juniper Forward ist demzufolge ein Gin mit einer starken Wacholder-Note.

Navy Strength: Auf manchen Gin-Sorten findet man heute noch die Bezeichnung „Navy Strength“. Dies lässt auf einen sehr hohen Alkoholgehalt schließen. Die Markierung „Navy Strength“ hat ihren Ursprung in der Epoche, in der die

Spirituose nicht nur als Genussmittel, sondern auch als Medizin für sämtliche Beschwerden herangezogen wurde. Insbesondere Seefahrer nahmen sehr viel von dieser „Medizin" auf ihre Schiffsreisen mit. Der Gin-Vorrat eines Schiffes befand sich im Regelfall immer in direkter Nähe zu dem Schießpulverlager. Zufällige Beobachtungen führten zu der Erkenntnis, dass mit Gin befeuchtetes Schießpulver immer noch entzündbar blieb. Der Alkoholgehalt des Gins musste dafür lediglich über 50 % liegen. Anhand dieser Probe konnten die Seeleute sicher sein, dass sie „Navy Strength" vor sich hatten.

Reserve: Der Terminus „Reserve" ist eine Entlehnung Wein- und Whiskeyproduktion. Er gibt Aufschluss über die Qualität des vorliegenden Produkts. Ein „Reserve" ist über mehrere Jahre hinweg in einem Holzfass gereift. Nicht nur Weine und Whiskeys - auch immer mehr Gin-Sorten verfügen über ein Reserve-Zeichen. Die Begrifflichkeit ist im Bezug auf Gin allerdings nicht rechtlich geschützt und kann deshalb nicht einheitlich angewandt werden.

So wird Gin hergestellt

Gin besteht, wie bereits detailliert behandelt, aus einem neutralen Basisalkohol sowie einer Mischung aus pflanzlichen Zusatzstoffen (Botanicals). Die Alkoholbasis kann, je nach Art und Unterart, aus Weizen, Kartoffeln oder Reis sein. Im Regelfall wird allerdings Weizen verwendet.

Im Gegensatz zu Herstellern anderer hochwertiger Spirituosen wie beispielsweise Whiskey, verzichtet die Mehrheit der Gin-Macher darauf, ihren Alkohol selbst zu brennen. Es wird schlicht und ergreifend reiner Weizenalkohol mit einem Alkoholgehalt von mindestens 96% in großen Mengen eingekauft und in weiteren Schritten re-destillieren.

Während dieser Vorgänge wird dem Alkohol Wasser beigemischt. Auf diese Art und Weise wird er zu einer 45 % Lösung verdünnt, bevor er im nachfolgenden Arbeitsschritt mit den Botanicals infusioniert wird.

Um die Aromen aus den Botanicals zu lösen und in den Gin einzubringen haben sich zwei unterschiedliche Methoden durchgesetzt. Man spricht hierbei von der Mazeration und der Perkulation. Für beide Prozesse werden die jeweiligen Botanicals zuerst getrocknet und zerkleinert. Dies bewirkt, dass sich die nötigen Geschmacksstoffe schneller aus den Fasern lösen.

Bei der Mazeration werden die Botanicals direkt in den Alkohol eingelegt, um die Aromastoffe in die Flüssigkeit auszuziehen. Hierfür werden in der Mehrheit der Fälle kleine Beutel verwendet. Dieser Vorgang kann, je nach Hersteller, ein paar Stunden oder sogar mehrere Tage in Anspruch nehmen. Nach Abschluss des Vorgangs folgt die Zweitbrennung.

Bei der Perkulation hingegen werden die pflanzlichen Beistoffe während des Destillationsvorgangs selbst in den Gin eingebracht. Sie werden entweder direkt in die Brennblase gehängt, oder auf einem Sieb über der Flüssigkeit ausgebreitet. Auf diese Art und Weise nimmt der verdampfende Alkohol während des Erhitzungsprozesses die Aromen annimmt.

Nach dem zweiten Brennvorgang wird das Ergebnis mit Wasser verdünnt. Das Endprodukt muss einen Alkoholgehalt von 40 % aufweisen. Man spricht hierbei vom sogenannten Herabsetzen.

Bei der Auswahl der Botanicals werden der Fantasie nur wenig Grenzen gesetzt. Sie müssen, wie der Name sagt, lediglich pflanzlichen Ursprungs sein. Die bekannteste unter ihnen ist der Wacholder. Die meisten Gin-Hersteller reden gerne über die Auswahl und die Qualität ihrer Botanicals. Auch wenn ihr genaues Rezept natürlich ein gut gehütetes Geheimnis bleibt.

Die geläufigsten Gin Arten

DEN Gin gibt es nicht. Im Gegenteil! Die Spirituose untergliedert sich ganz nach Herkunft, Herstellungsverfahren und verwendete Botanicals in unterschiedliche Arten. Übergreifender Faktor ist lediglich die Tatsache, dass alle Versionen und Varianten aus einem mit Wacholder und weiteren pflanzlichen Zusatzstoffen aromatisierten Alkohol bestehen und, so will es das Gesetz, mindestens 37,5% Alkoholgehalt aufweisen. Der Markt für Gin kennt 3 große Stile. Diese wären namentlich der Dry Gin, der Distilled Gin und der London Dry Gin. Daneben existieren noch weitere Sorten. Diese sind allerdings eher von sekundärer Relevanz.

Der London Dry Gin gilt aktuell als DER Maßstab für „guten" Gin. Nahezu alle handelsüblichen Gin-Marken werden dieser Kategorie zugerechnet. Unter London Dry Gin versteht man einen trockenen Gin mit einem intensiven Wacholderaroma. Die Zugabe weiterer Botanicals unterliegt strengen Auflagen. Ein „echter" London Dry Gin darf weder künstliche Aromen noch mehr als 0,5 Gramm Zucker pro Liter enthalten.

Der Dry Gin zählt mit zu einer der populärsten Gin-Sorten weltweit. Unzählige der zeitgenössischen Gin-Marken sind Dry Gins. Bei dem Dry Gin ist der Name noch Programm. Der trockene Gin zeichnet sich in erster Linie durch eine markanten Wacholder-Note aus. Im Gegensatz zum London Dry Gin darf bei der Herstellung eines Dry Gins viel mehr mit den Botanicals gespielt werden. Sehr beliebt sind dabei Zitrus- oder Fruchtaromen.

Der Distilled Gin heißt so, weil er gleich zweimal gebrannt wurde. Genau genommen handelt es sich eigentlich bei jedem Gin um einen distilled Gin im herkömmlichen Sinne. Allerdings darf sich aber nur ein Gin, welcher zwei Destillationsprozesse hinter sich gebracht hat und danach nicht weiter aromatisch bearbeitet worden ist als Distilled Gin bezeichnen. Bei einem Distilled Gin kann man sich sicher sein, dass man es mit einem sehr hochwertigen Gin zu tun hat.

Der Old Tom Gin ist vom historischen Standpunkt aus betrachtet einer der Stammväter des berühmten London Dry Gins. Brennmeister mit etwas weniger Können erzeugten ein qualitativ schwankendes und manchmal schwer genießbares Produkt, dem zusätzlich etwas Zucker zugesetzt werden musste. Auf diese Art und Weise wurde der stak alkoholische Geschmack ein wenig übertüncht. Das Ergebnis war der Old Tom Gin. Diese Art besticht in erster Linie durch eine deutlich wahrnehmbare süßliche Note. Das Aufkommen der Brennsäule läutete allerdings den Niedergang des Old Tom Gin ein. In unserer heutigen Zeit erlebt die Variante allerdings unter Freunden der süßlichen Cocktails ein absolutes Revival.

Der Sloe Gin ist eigentlich kein Gin. Streng genommen wird er den Likören zugerechnet. Steht bei den Gins im Regelfall der Wachholder im Vordergrund – ist bei einem Sloe Gin die Schlehe (Sloe) Hauptaktuer. Diese macht die Art etwas säuerlicher als den handelsüblichen Gin. Auch sein Alkoholgehalt liegt mit „nur“ 30 % ganz klar unter der seiner „Brüder“.

Der New Western Dry Gin ist eine eher freie und locker definierte Spezies unter den Gins. Viele neumodische Gin-Marken unseres Jahrhunderts werden dieser Kategorie zugerechnet. Sie erinnern zwar stark an die klassischen Dry Gins, haben allerdings das strenge Regel-Korsett hinter sich gelassen. Das Comeback des Gins in Verbindung mit dem Auftauchen vieler neuer Gin-Marken führt zu der Entstehung vieler neuer und spannender Interpretationen und Hybriden.

Vorsicht! Fehlerquellen beim Gin-Trinken

Beim Gin kann man sehr viel falsch machen. Wer nicht sofort als Anfänger oder Laie abgestempelt werden möchte, der sollte folgende Fehlerquellen möglichst vermeiden um nicht ins Fettnäpfchen zu treten.

1. Ein unpassendes Glas

Kein guter Gastgeber oder Barkeeper würde einen Singapore Sling in einem heruntergekommenen Senfglas mit unpassenden Comic-Designs servieren. Die Blamage wäre vorprogrammiert. Wenn Sie sich an Gin-Cocktails versuchen möchten, so sollten Sie diese stilecht in einem klassischen Highballglas anrichten. Diese sind nicht sehr konstenintensiv und in nahezu jedem Haushaltswarengeschäft zu erwerben. Ein Highballglas erspart Ihnen peinliche Blicke und macht Sie nicht zum „Gespött" der Cocktail-Runde. Welche Gläser echte Gin-Liebhaber darüber hinaus noch im Schrank haben sollten und auf welche man getrost verzichten wird in Kapitel 9. näher erörtert.

2. Die falsche Trinktemperatur

Die Temperatur spielt beim Genuss eines Gins eine nicht zu negierende Rolle. Ein Dry Gin sollte beim Servieren im Idealfall zwischen 16 – 18 Grad Celsius aufweisen. Dies ist allerdings nicht in Stein gemeißelt. Sie haben selbstverständlich auch hier etwas Spielraum. Über 20 Grad Celsius sollte der Gin allerdings nicht haben. Ansonsten würde die Schärfe des Alkohols unter den vielfältigen Aromen des Gins untergehen. Zu kalt oder zu viele Eiswürfel im Drink ist allerdings auch keine gute Lösung. Der Gin würde so verwässern und der Geschmack verblassen.

3. Immer beim selben Gin verbleiben

Mit einem guten London Dry kann man gar nichts falsch machen. Er ist Basiszutat vieler leckerer Cocktails und Longdrinks. So viel zur Theorie – jetzt aber zur Praxis. Wer immer ein und denselben Gin trinkt oder serviert, der wird schnell als Langweiler abgestempelt. Man tut sich damit keinen Gefallen. Im Gegenteil! Mit dem Hängenbleiben am „altbewährten“ verpasst man die vielfältigen vielversprechenden Geschmacks-Nuacen des Gin. Es ist von daher ratsam, immer etwas mit dem Gin zu spielen. Im Idealfall stimmt man das Geschmacksprofil des Gins mit dem des Cocktails ab. Um sich nicht zu verzetteln empfiehlt es sich, den Gin der Wahl davor auch einmal probieren.

4. Nicht mit dem Tonic Water spielen

Bei einem klassischen „Gin & Tonic“ kommt es nicht nur auf den Gin an. Auch das Tonic Water spielt eine entscheidende Rolle. Es wird in der Mehrheit der Fälle allerdings völlig vernachlässigt. Ein guter Cocktail oder Longdrink steht und fällt mit der Auswahl der Zutaten. Ähnlich wie beim Gin kann man auch beim Tonic Water zwischen den handelsüblichen Arten wählen und mit den jeweiligen Geschmäckern spielen. Ein alternatives Tonic Water kann dem Drink gleich eine ganz neue und unbekannte Note verleihen.

5. Die Regeln außer acht lassen

Wir haben Sie nun mit den wichtigsten Regeln vertraut gemacht. Jetzt liegt es ganz allein an Ihnen. Es empfiehlt sich, sich an dieses Regelwerk zu halten. Allerdings steht beim Gin-Trinken der Genuss ganz klar im Fokus. Jeder sollte seinen Gin oder sein Tonic Water so trinken, wie er einem am besten schmeckt.

Gin Tasting and Nosing

Kaum eine Spirituose verfügt über so viele verschiedenartige und interessante Geschmacksnuancen wie der Gin. Aus weit mehr als 100 Botanicals kann ein Gin-Macher wählen, bevor er versucht sie im perfekten Zusammenspiel zu arrangieren. Dieser Tatsachenbestand macht einen guten Gin zu einem regelrechten Kunstwerk. Ungeachtet seines unvergleichlichen Geschmacks wird ein Gin nahezu nie pur getrunken oder vor der Zubereitung eines Cocktails gekostet. Hier lauert allerdings ein kleiner aber feiner Fehler. Ohne eine ordentliche Verkostung kann man unter dem reichhaltigen Angebot nur schwerlich seinen Lieblings-Gin finden.

Ein Tasting & Nosing ist Pflicht. Das kann jeder ganz einfach und bequem zu Hause durchführen. Eine besondere Ausstattung wird nicht benötigt. Wahre Gin-Liebhaber vertrauen auf die Kraft eines sogenannten Nosing-Glases. Ein solches Glas sollte im Idealfall über ein bauchiges Unterteil verfügen. Der Geschmack des Gins kann sich so besser entfalten und findet den direkten Weg zur Nase.

Im Idealfall beginnt man beim Gin mit dem Nosing. Laien auf dem Gebiet des Gin sind schnell überwältigt von dem starken Alkoholgeschmack der hochprozentiger Spirituose. Aus eben diesem Grund ist ein Nosing in diesem Fall die bessere Wahl. Es ist faktisch erwiesen, dass 90 % der Geschmackserlebnisse über den Geruchssinn stattfinden.

Die Durchführung eines Nosing ist denkbar simpel. Sie geben den Gin Ihrer Wahl bei Zimmertemperatur in ein bauchiges Glas. Hierfür empfiehlt sich ein spezielles Nosing-Glas, ein Congnac-Schwenker oder ein Rotweinglas. Als nächstes wird das befüllte Glas nah an die Nase herangeführt und der Gin eingeatmet. In regelmäßigen Abständen sollte das Glas beiseite gestellt, normal geatmet und der Vorgang wiederholt werden. Bereits in der Nase eröffnen sich sofort die kräftigen Aromen eines Gins. Hierbei kann es sich, je nach Gin-Marke und Gin-Art, um schwarzer Pfeffer, Pinien, Pfirsich, Zitrone und in allererster Linie Wacholder handeln.

Dem Nosing folgt das Tasting. Hierbei nimmt man einen kleinen Schluck Gin, bewegt ihn langsam im Mund hin und her, hält ihn einige Minuten auf der Zunge und schmeckt ihn. Sie sollten dabei dem Drang, den Gin sofort hinunterzuschlucken, widerstehen. Versuchen Sie es! Sie werden nicht enttäuscht sein. Der Gin entfaltet all seine Nuancen im Mundraum und hinterlässt eine wohlige Wärme auf der Zunge. Bereits beim zweiten Schluck tritt der alkoholische Aspekt des Geschmacks in den Hintergrund und Sie können sich auf die eigentliche Textur des Gins konzentrieren.

Wer nicht einfach nur einen akzeptablen Gin für die private Hausbar will und Neuerungen gegenüber aufgeschlossen ist, der kann an einer professionellen Gin-Verkostung teilnehmen. Sie werden in vielen Bars und Spituosen-Läden in regelmäßigen Abständen angeboten. Fragen Sie doch einfach einmal nach und melden Sie sich für den nächsten Termin an. Sie werden es nicht bereuen.

Der kleine Weg zum großen Gin-Erlebnis

Für einen guten Gin müssen Sie nicht tief in die Tasche greifen. Jeder gut ausgestattete Supermarkt verfügt in seinen Spirituosen-Regalen über klassische Gin-Marken, welche gut und erschwinglich zugleich sind. In den letzten Jahren hat sich auf dem Gebiet des Gin sehr viel getan. Das Gin-Angebot des herkömmlichen Einzelhandels ist um ein Vielfaches umfangreicher und differenzierter aufgestellt als noch vor 10 Jahren. Neben klassischen Gins mit all ihren Geschmacksrichtungen tummeln sich immer mehr kleinere und lokale Marken. Diese sind wie prädestiniert für Anfänger und Einsteiger in die spannende Welt des Gin.

Der Gin-Liebhaber von morgen beginnt seine spannende Reise im Normalfall mit einem klassischen London Dry Gin aus dem mittleren Preissegment.

Nach diesem wichtigen Schritt kann man eine grobe Tendenz für die weitere Richtung ausmachen. Überzeugt der traditionelle London Dry Gin mit der unverwechselbaren Wachholder-Note die Geschmacksnerven, oder sollte man einmal mutig sein und einen der experimentierfreudigen New Western Dry Gins kosten? Es bleibt ganz Ihnen überlassen. Hier gibt es kein richtig oder falsch.

Früher oder später sollte man die Supermarktregale allerdings hinter sich lassen. Anderseits entgeht einem die Vielfalt der zeitgenössischen Gin-Arten und Sorten. Gemeint sind hiermit die modernen, aufstrebenden nationalen und internationalen Gin-Marken mit starker Orientierung an Botanicals mit regionalem Bezug (Moorbirke, Kalmus, Fichtensprossen). Die kleinen aber feinen Destillerien der Region sind auf Ihre Unterstützung angewiesen. Diese verfügen in unserem modernen Zeitalter meist alle über einen eigenen Online-Shop. Ein direkter Verkauf vor Ort ist nicht immer gegeben.

Empfehlungen für Gin zu geben ist ein nicht ganz so einfaches Unterfangen. Ob ein Gin gut oder schlecht ist ist eine Frage des individuellen Geschmacks. Etwas worauf man bei der Auswahl achten sollte ist der Alkoholgehalt. Gesetzlich vorgeschrieben sind mindestens 37,5%, besser sind aber 40% und mehr.

Um möglichst viele Gin-Marken kennenzulernen ist es ratsam, Wagnisse einzugehen und bei jeder Gelegenheit in Bars einem neuen Gin eine Chance zu geben. Auch eine Gin-Verkostung kann eine gute Gelegenheit sein um neue Marken kennenzulernen und sich mit anderen Gin-Interessierten auszutauschen.

Das ideale Gin- Equipment

Für die ersten Schritte in die spannende Welt des Gins braucht man keine voll ausgestatteten Bar. Ein Highballglas ist allerdings ein guter Start. Er wird für die Zubereitung vieler Gin-Cocktails verwendet. Des Weiteren kann auch eine Eiswürfelform sowie ein paar Strohhalme sehr zum weiteren Erfolg beitragen. Sie sind allerdings nicht verpflichtend. Im Laufe der Zeit wird man sich mit einer sporadischen Ausstattung allerdings nicht mehr zufrieden gaben. Je mehr man den Gin kennen und schätzen lernt, desto umfangreicher sollte das Equipment werden. Deshalb folgt hier eine kleine Warenkunde über all die Gläser, die man für die korrekte Präsentation der gängigsten Gin-Cocktails griffbereit haben sollte.

- Ein Martiniglas ist ein tricherförmiges Stilglas, in dem Martinis und Cosmopolitans eine gute Figur machen.

- Das bereits angesprochene Highballglas kann auch als Longdrinkglas bezeichnet werden. Hierbei handelt es sich um ein hohes, recht schmales Glas, in welchem insbesondere Mix-Getränke mit viel Eis serviert werden. Der „Gin & Tonic" wird zum Beispiel stilecht in einem Highballglas gereicht.

- Ein Tumbler ist ein kurzes, bauchiges oder kantiges Glas, in welchem vor allem Spirituosen pur oder auf Eis serviert werden. Er eignet sich allerdings auch für Cocktails, wie beispielsweise der Bramble ganz deutlich zeigt.

- Eine Cocktailschale kann alternativ auch als Couperglas bezeichnet werden. Hierbei handelt es sich um ein schalenförmiges Stilglas für Sekt- oder Champagnercocktails.

- Pina Coladas oder der Singapore Sling sind ganz besondere Cocktails und benötigen deshalb auch ein besonderes Glas. In einem Hurricaneglas kann der Drink glänzen. Es ist hoch, unten etwas bauchig und wird nach oben hin immer etwas geschwungener.

- Tiki-Becher sind zwar schön anzusehen und originell. Sie zählen aber nicht zu den Must-Haves in der heimischen Hausbar.

Mit den Gläsern alleine ist es allerdings noch nicht getan. Wer seine Gäste mit leckeren Gin-Cocktails verwöhnen möchte, der benötigt noch weitere Utensilien. Verwiesen sei hierbei explizit auf eine Saftpresse, ein Schneidebrett und verschiedene Messer. Am besten ist es, wenn Sie in Ihrer Küche auch noch über einen Mixer verfügen.

Zum spezielleren Barequipment zählen ein Rührglas und ein Shaker. Wer nicht doppelt bezahlen möchte, der nimmt eine Kombination aus beiden Elementen. Das Ganze nennt sich dann Boston Shaker. Des Weiteren sind ein Barsieb und ein Barmaß (Jigger), welches die beliebten Shotmengen von 2 cl und 4 cl abmisst, weitere elementare Bestandteile. Stößel und Barlöffel müssen nicht zwangsläufig neu erworben werden. Man kann man sich meistens mit bereits vorhandenen Küchenutensilien behelfen.

Die Rezepte Die Gin Klassiker

Gin Tonic

Der „Gin Tonic" ist DER Klassiker unter den Gin-Getränken. Es ist erfrischend und eignet sich hervorragend für laue Sommerabende.

Zutaten:

- 4 cl Gin
- 20 cl Tonic Water
- ein paar Eiswürfel

Zubereitung:

Zu Beginn wird der Gin in ein Highballglas gefüllt. Dieses sollte allerdings nicht zu schmal sein. Als nächstes kommen ein paar Eiswürfel zum Gin, bevor alles mit eiskaltem Tonic Water aufgefüllt wird.

Tipp:

Für die bessere Optik empfiehlt es sich, den „Gin Tonic" zu garnieren. Es muss dabei nicht immer Zitrone sein. Auch ein Minzblatt oder eine Scheibe Ingwer machen auf dem „Gin Tonic" eine gute Figur.

Dry Martini

Über die genaue Herkunft des populären „Dry Martini" scheiden sich die Geister. Es ranken sich zahlreiche Geschichten und Mythen um seine Erfindung. Fakt ist, dass das erste abgedruckte Rezept für einen Martini aus dem Jahre 1888 stammt. Es erschien in Harry Johnson's Bartender's Manual.

Zutaten:

- 5 cl Gin
- 1 cl Wermut (trocken)

Zubereitung:

Die Zubereitung eines „Dry Martini" ist denkbar simpel. Man muss lediglich den Gin zusammen mit dem Wermut und viel Eis in ein Rührglas geben und gut verrühren. Aber Vorsicht: Der Gin-Cocktail wird dabei nicht geschüttelt. Das Ergebnis kann man abschließend in ein Martiniglas abseihen.

Tipp:

Statt mit einer Olive kann man den „Dry Martini" auch mit einer Zitrone servieren.

Dirty Martini

Über Oliven im Martini kursieren viele Gerüchte. Der ein oder andere Gin-Cocktail wird mit Oliven garniert. Kenner des edlen Tropfens sind allerdings felsenfest davon überzeugt, dass die Olive nur in einen „Dirty Martini" gehöre.

Zutaten:

- 2 cl Wermut (trocken)
- 6 cl Gin
- 3 TL Olivenlake

Zubereitung:

Bei einem „Dirty Martini" gibt man alle Zutaten zusammen mit viel Eis in ein dafür vorgesehenes Rührglas. Das Gemisch wird gut miteinander verrührt und anschließend durch ein Sieb in ein Martiniglas gegossen. Abschließend wird der Drink mit den bereits angesprochenen Oliven garniert.

Tipp:

Sobald sich am Glas Kondenswasser bildet, ist der „Dirty Martini" ausreichend gerührt.

Paradise

Den „Paradise“ kennt man aus dem Film Reise ohne Wiederkehr aus dem Jahre 1933. Er machte den Cocktail populär.

Zutaten:

- 4 cl Gin
- 2 cl Apricot Brandy
- 4 cl Orangensaft (frischgepresst)

Zubereitung:

Gin, Apricot Brandy und Orangensaft werden zusammen mit ein paar Eiswürfeln in einen Cocktailshaker gefüllt und gut geschüttelt. Anschließend gibt man den Cocktail in ein Martiniglas. Das Eis bleibt dabei im Mixer.

Tipp:

Für den besseren Geschmack empfiehlt es sich, frischgepressten Orangensaft zu verwenden.

Gimlet

Alkohol kann Leben retten! Der „Gimlet“ hatte eigentlich eine ganz andere Aufgabe. Der Cocktail entstand als Phrophylaxe gegen Seefahrerkrankheiten wie beispielsweise den Skorbut. Frisches Obst war auf Schiffen Mangelware. Es vergammelte sehr schnell. Deshalb gab man Matrosen eine Art Limettensirup mit, den sie sich in den Gin rühren konnten.

Zutaten:

- etwas Eis
- 6 cl Gin
- 2 cl Limettensaft

Zubereitung:

Bevor der Gin und der Limettensaft in das Rührglas kommen, wird dieses zur Hälfte mit Eis gefüllt. Das Ergebnis wird gut verrührt und abschließend durch ein Sieb in dafür vorgesehene Gläser gegossen.

Tipp:

Der „Gimlet“ kann mit einer Limonenschale oder einer Limonenscheibe garniert werden.

Bees Knees

Die amerikanische Prohibitionsära hat viele Cocktails auf Gin-Basis hervorgebracht. Einer davon ist der „Bees Knees“. Die Barkeeper der damaligen Zeit verfeinerten ihre altbewährten Drinks mit flüssigem Honig und kreierten auf diese Art und Weise neue Cocktails. Der Geschmack des Honigs sollte die schwankende Qualität des schwarzgebrannten Gins überdecken.

Zutaten:

- 2 TL Honig (flüssig) 5 cl Gin
- 5 cl Gin
- 2 cl Zitronensaft
- etwas heißes Wasser

Zubereitung:

Zuerst wird der Honig in etwas heißem Wasser aufgelöst. Anschließend kommt dieser zusammen mit den restlichen Zutaten und etwas Eis in einen Cocktailshaker. Nach mehrmaligem kräftigen Schütteln wird der Drink in ein Martiniglas gegossen.

Tipp:

Der „Bees Kne“ darf auf keiner Speakeasy-Mottoparty fehlen!

Pink Gin

Den „Pink Gin“ erkennt man in erster Linie an seiner wunderbaren pinken Färbung. Dieses Merkmal wird durch einen roten Bitterlikör erzeugt.

Zutaten:

- 6 cl Gin
- Angostura Bitter

Zubereitung:

Der Gin sowie der Bitterlikör werden zusammen mit etwas Eis in einen Mixbecher gefüllt und gut miteinander verrührt. Danach wird der Drink in ein gekühltes Glas gefüllt und, bei Bedarf, mit einer Zitronenscheibe garniert.

Tipp:

Angostura Bitter hat eine ziemlich herbe Note. Man sollte deshalb bei der Zubereitung eines „Pink Gin“ auf süße Gin-Marken zurückgreifen.

Aviation

Der „Aviatio" ist ein echter Hinkucker. Mit seiner blau-violetten Farbe zieht der Cocktail alle Blicke auf sich.

Zutaten:

- 6 cl Gin
- 6 cl Crème de Violette
- 1 cl Maraschino-Likör
- 2 cl Zitronensaft
- viel Eis

Zubereitung:

Alle Zutaten werden zusammen mit viel Eis in einen Cocktailshaker gefüllt und gut geschüttelt. Der entstandene Drink kann im Anschluss daran in vorgekühlte Martinigläser gegossen werden. Das Eis verbleibt dabei im Shaker.

Tipp:

Experten raten zu der Verwendung eines kräftigeren Dry Gins. Die beiden Liköre würden ansonsten den Cocktail geschmacklich dominieren.

Negroni

Der „Negroni“ ist der „kleine Bruder“ des Americano. Der begehrte Campari Cocktail wurde von einem Florenzer Barkeeper etwas abgeändert. Statt Sodawasser verfeinerte er den Drink mit Gin.

Zutaten:

- 3 cl Gin
- 3 cl Campari
- Wermut (rot)
- viel Eis

Zubereitung:

Zu Beginn werden der Gin, der Campari und der Wermut in ein Rührglas gefüllt, mit viel Eis angereichert und gut miteinander verrührt. Anschließend gibt man etwas Eis in einen Tumbler und füllt den Negroni in den Tumbler.

Tipp:

Der „Negroni“ wird im Regelfall mit einer Orangenscheibe garniert.

Corpse Reviever No. 2

Als Erfinder des „Corpse Reviever No. 2“ gilt der englische Barceeper Harry Craddock. Seiner Auffassung nach ist der Cocktail so gehaltvoll, dass 4 schnell hintereinander getrunken die Wiederbelebung der Leiche rückgängig machen.

Zutaten:

- 2 cl Lillet Blanc
- 2 cl Gin
- 2 cl Zitronensaft
- etwas Absinth
- viel Eis

Zubereitung:

Alle Zutaten zusammen mit einer handvoll Eiswürfel in einen Cocktailshaker geben und gut schütteln. Das Ergebnis in eine gekühlte Cocktailschale gießen und genießen.

Tipp:

Der „Corpse Reviver No.2“ kann mit verschiedenen Absinth-Sorten zubereitet werden. Jeder Kenner und Liebhaber verwendet eine andere Sorte.

Red Snapper

Es muss nicht immer „Bloody Mary“ sein. Der „Red Snapper“ gilt für viele als willkommene Alternative.

Zutaten:

- 5 cl Gin
- 12 cl Tomatensaft
- 12 cl Tomatensaft
- 3 Spritzer Tabasco
- 2 Spritzer Worcestersauce
- 1 cl Zitronensaft
- ein wenig Selleriesalz
- etwas schwarzer Pfeffer

Zubereitung:

Allen Zutaten in einen Cocktailshaker geben und zusammen mit viel Eis gut schütteln. Den Cocktail in ein Highballglas abseihen. Das Eis verbleibt dabei im Shaker. Wer möchte, kann den Red Snapper (ähnlich wie die Bloody Mary) mit einer Selleriestange garnieren.

Tipp:

Für den perfekten „Red Snapper“ empfiehlt sich ein Glasrand aus Selleriesalz und schwarzem Pfeffer.

White Lady (oder Delilah)

Ernest Hemingway widmete der „White Lady" in seinem Roman Inseln im Strom eine tragende Rolle.

Zutaten:

- 1 Eiweiß
- 5 cl Gin
- 2 cl Cointerau
- 2 cl Zitronensaft
- etwas Eis

Zubereitung:

Zu Beginn wird das Eiweiß in einen Shaker gegeben und unter Beihilfe eines Quirls etwas aufgeschäumt. Danach werden etwas Eis, Gin und Cointreau beigefügt und alle Zutaten gut miteinander vermischt. Nach kräftigem Schütteln gießt man den Drink in vorgekühlte Martinigläser.

Tipp:

Einen „White Lady" ohne Eiweiß nennt man „Delilah".

Pink Lady

Die „Pink Lady“ ist eine kleine aber feine Abänderung der „White Lady“. Ihr Markenzeichen ist ihre namensgebende pinke Fargebung. Diese erhält sie durch Grenadine.

Zutaten:

- 5 cl Gin
- 2 cl Cointerau
- 2 cl Zitronensaft
- 1 Eiweiß
- 1 Spritzer Grenadine Sirup

Zubereitung:

Ähnlich wie bei der White Lady kommt auch bei der Pink Lady zuerst das Eiweiß zum Aufschäumen in den Shaker. Dann kommen das Eis sowie die restlichen Zutaten zu dem Ei in den Schaker und werden kräftig geschüttelt. Zum Abschluss wird der Cocktail in ein vorgekühltes Martiniglas gefüllt. Alternativ kann auch ein Coupeglas verwendet werden.

Tipp:

Es ist ratsam, die Cocktailgläser im Vorfeld zu kühlen. So bleiben die Cocktails angenehm kühl.

Espresso Martini

Alkohol macht nicht immer müde. Der „Espresso Martini" weckt sämtliche Lebensgeister.

Zutaten:

- 4 cl Wodka
- 1 cl Kahlúa
- 1 cl Zuckersirup
- ein paar Eiswürfel

Zubereitung:

Eiswürfel in einen Shaker geben, durch die restlichen Zutaten ergänzen und gut durchschütteln. Den Drink durch ein Barsieb in ein vorgekühltes Martiniglas seihen und am besten kalt genießen.

Tipp:

Wer keinen Gin mag kann den „Espresso Martin" auch mit Wodka zubereiten.

Monkey Gland

Als Erfinder des „Monkey Glan“ gilt der amerikanische Barkeeper Harry Mc Elhone. Der Cocktail auf Gin-Basis wurde 1027 in der Harry`s Bar in New York entwickelt.

Zutaten:

- 4 cl Gin
- 4 cl Orangensaft
- 1 TL Grenadine
- 1 TL Absinth
- etwas Eis

Zubereitung:

Gin, Orangensaft, Grenadine, Absinth und etwas Eis in einen Shaker geben und für wenige Sekunden gut schütteln. Der fertige Cocktail wird in ein Martiniglas gegossen und am besten eiskalt getrunken. Wer kein Martiniglas hat, der kann auch ein Coupeglas nehmen.

Tipp:

Statt Absinth kann für die Zubereitung eines „Monkey Gland“ auch ein Kräuterlikör verwendet werden.

Clover Club

Der „Clover Club“ ist ein echter Oldie. Er entstand bereits um die Jahrhundertwende. Während der Zeit der Prohibition entstanden viele neue Gin-Cocktails, die dem „Clover Club“ etwas den Rang abliefen.

Zutaten:

- 6 cl Gin
- 3 cl Zitronensaft
- 2 cl Himbeersirup
- 1 Eiweiß
- viel Eis

Zubereitung:

Die Zubereitung eines Clover Club ist ganz einfach. Es müssen lediglich alle Zutaten in einen Shaker gegeben und kurz aber gut geschüttelt werden. Das Ergebnis kann dann in eine Cocktailschale abgeseiht werden.

Tipp:

Ein paar Himbeeren als Dekoration verhelfen dem „Clover Club“ zu einer gewissen Frische.

Schnelle Rezepte

Bronx

Der „Bronx“ war in den 20er Jahren des letzten Jahrhunderts in Amerika heiß begehrt. Er wurde in erster Linie auf Gartenpartys gereicht. Auch Jay Gatsby aus Der große Gatsby von F. Scott Fitzgerald reichte seinen Gästen gerne einen „Bronx“.

Zutaten:

- 5 cl Gin
- 3 cl Orangensaft
- 1 cl Wermut (trocken)
- 1 cl Wermut (süß)
- viel Eis

Zubereitung:

Eis in einen Cocktailshaker füllen. Die Zutaten beifügen und alles gut schütteln. Den Drink in ein vorgekühltes Martiniglas seihen und eiskalt genießen.

Tipp:

Im Idealfall sollte frisch gepresster Orangensaft verwendet werden.

Wodka Gin Limette

Beim „Wodka Gin Limett“ ist der Name noch Programm. Der Cocktail besteht aus Wodka, Gin und Limette.

Zutaten:

- 3 cl Gin
- 3 cl Wodka
- 1 Limette
- ein paar Eiswürfel

Zubereitung:

Zu Beginn wird die Limette ausgepresst und der Limettensaft aufgefangen. Besagter Limettensaft kommt zusammen mit dem Wodka, dem Gin und den Eiswürfeln in einen Shaker und wird gut durchgeschüttelt. Der Drink wird abschließend durch ein Sieb in einen Tumbler gefüllt und mit weiteren Eiswürfeln angereichert.

Tipp:

Die Schale der Limette eignet sich optimal zur Dekoration.

Erdbeer Gin & Tonic

Es muss nicht immer „Gin & Tonic“ sein. Manchmal muss eine Alternative her. Eine davon ist der „Erdbeer Gin & Tonic“. Der fruchtige Cocktail ist insbesondere im Sommer ein Genuss.

Zutaten:

- 2 Erdbeeren (frisch)
- 20 cl Grapefruitsaft
- 4 cl Gin
- 2 cl Erdbeersirup
- 2 frische Erdbeeren
- ein paar Eiswürfel

Zubereitung:

Einleitend werden die Erdbeeren gewaschen und geschnitten. Danach werden ein paar Eiswürfel in ein Highballglas gegeben und mit Gin und Erbeersirup angereichert. Abschließend wird alles mit Tonic Water aufgegossen und mit den Erdbeeren dekoriert.

Tipp:

Der „Erdbeer Gin & Tonic“ darf auf keinem Sommerfest fehlen.

Countronic

Sommerzeit ist Cocktail-Zeit. Insbesondere Longdrinks sind ein erfrischender Genuss. Einer davon ist der „Countroni".

Zutaten:

- 4 cl Gin
- 1 cl Cointreau
- etwas Tonic Water
- etwas Crushed Ice

Zubereitung:

Gin und Tonic Water in ein Longdrinkglas geben und gut miteinander verrühren. Danach wird der Cointreau in das Glas gegossen und mit etwas Crushed Ice angereichert.

Tipp:

Der perfekte Gin für den „Countronic" ist der „Bulldog London Dry Gin".

Salty Dog

Der „Salty Dog" ist einer der Klassiker unter den Gin-Cocktails. Die Zubereitung benötigt nur wenig Aufwand und Zutaten.

Zutaten:

- 5 cl Gin
- 10 cl Grapefruitsaft
- etwas Salz (für den Glasrand)
- ein paar Eiswürfel

Zubereitung:

Den Rand eines Highballglases mit Salz garnieren. Alternativ kann auch ein Tumbler verwendet werden. Im Anschluss gibt man ein paar Eiswürfel in das Glas. Der Gin sowie der Grapefruitsaft werden in dem Shaker gut durchgeschüttelt und abschließend in das Glas gefüllt.

Tipp:

Der Salzrand sorgt für eine markante geschmackliche Note.

Tuxedo

Der „Tuxedo“ macht seinem Namen alle Ehre. Er trat das erste Mal im Tuxedo Club in Orange County (New York) in Erscheinung.

Zutaten:

- 5 cl Gin
- 5 cl trockener Wermut
- 1 Spritzer Orangenbitter
- 1 Spritzer Maraschinolikör
- 1 Spritzer Absinth
- viel Eis

Zubereitung:

Rührglas mit Eis vorbereiten. Die restlichen Zutaten in das Glas füllen gut verrühren.

Tipp:

Als Glas empfiehlt sich ein Martiniglas.

Vesper

Den „Vesper" kennt man in erster Linie durch den Geheimagenten 007.

Zutaten:

- 5 cl Gin
- 2 cl Wodka
- 1 cl Lillet Blanc
- viel Eis

Zubereitung:

Alle Zutaten in einem Cocktailshaker mit viel Eis gut durchschütteln. In ein vorgekühltes Martiniglas gießen und sofort servieren.

Tipp:

Der „Vesper" soll nur kurz geschüttelt werden. 10 Sekunden sind absolut ausreichend. Der Drink würde ansonsten zu sehr verwässern.

Cosmonaut

Der „Cosmonaut" ist ein spritzig-fruchtiger Cocktail auf Gin-Basis

Zutaten:

- 6 cl Dry Gin
- 3 cl Zitronensaft (frisch)
- etwas Himbeermarmelade

Zubereitung:

Alle Zutaten in einen Shaker mit Eiswürfeln geben und gut durchschütteln. Anschließend den Drink in ein Cocktailglas abseihen und kühl genießen.

Tipp:

Der Cocktail muss mindestens 15 Sekunden lang geschüttelt werden.

Gin Alexander

Der „Gin Alexander“ ist sehr sahnig. Er wird deshalb hauptsächlich nach dem Essen gereicht.

Zutaten:

- 3 cl Gin
- 3 cl Creme de Cacao
- 3 cl Sahne
- etwas Muskatnuss
- ein paar Eiswürfel

Zubereitung:

Gin, Creme de Cacao und der Sahne in einen Cocktailshaker füllen, mit Eiswürfeln anreichern und gut durchschütteln. Das Ergebnis in ein vorgekühltes Martiniglas füllen und mit etwas Muskatnuss garnieren.

Tipp:

Statt Creme de Cacao kann auch ein Schokoladenlikör verwendet werden.

Gin Sour

Der „Gin Sour" ist ein fruchtiger und säuerlicher Genuss. Er ist insbesondere im Sommer eine willkommener Erfrischung

Zutaten:

- 4 cl Gin
- 2 cl Zitronensaft
- 1 cl Zuckersirup
- viel Eis

Zubereitung:

Die Zutaten mit viel Eis im Cocktailshaker kräftig schütteln und durch ein feines Sieb in einen Tumbler abgießen.

Tipp:

Für die Zubereitung eines „Gin Sour" eignen sich Gin-Marken mit einem gewissen Eigengeschmack.

Hanky Panky

Der „Hanky Panky" wurde von der Barkeeperin Ada Coleman an der Bar des Savoy Hotels erfunden. Grund dafür war ein Wunsch des Stummfilmstars Charles Hawtrey. Er wünschte sich einen gehaltvollen Drink, der seine Müdigkeit vertreibt.

Zutaten:

- 5 cl Dry Gin
- 5 cl Wermut (süß)
- 2 Spritzer Fernet Branca
- Eiswürfel
- Orangenschale

Zubereitung:

Alle Zutaten in ein mit Eiswürfeln befülltes Rührglas geben und gut miteinander vermengen. Anschließend in ein vorgekühltes Martiniglas abseihen und mit etwas Orangenschale dekorieren.

Tipp:

Der Fernet Branca besitzt einen speziellen Eigengeschmack. Aus eben diesem Grund empfiehlt sich ein markanter Gin, damit man diesen auch herausschmeckt.

Hemingway Sour

Der „Hemingway Sour“ macht seinem Namen alle Ehre. Den Cocktail erkennt man an seiner säuerlichen Grundnote.

Zutaten:

- 4 cl Gin
- 8 cl Orangensaft
- 4 cl Zitronensaft (frisch)
- 2 cl Zuckersirup
- ein paar Eiswürfel

Zubereitung:

Alle Zutaten in einen Shaker mit Eiswürfeln füllen und gut durchschütteln. Crocktail auf vorgekühlte Cocktailgläser verteilen und kühl servieren.

Tipp:

Aufgrund des Zuckersirups darf es bei dem „Hemingway Sour“ gerne etwas mehr Gin sein.

Oceanside Fizz

Der „Ginn Fizz“ ist einer der populärsten Gin-Cocktails. Es existieren zahlreiche Varianten des Klassikers. Eine davon ist der „Oceanside Fizz“. „Die Neuinterpretation des Klassikers weckt die Sehnsucht nach Sommer, Sonne, Strand und Meer.

Zutaten:

- 6 cl Gin
- 2 cl Limettensaft (frisch)
- 2 cl Zuckersirup
- etwas Bitter
- etwas Soda
- etwas Meersalz
- ein paar Blätter Minze

Zubereitung:

Minzblätter, Limettensaft und Zuckersirup in einen Cocktailshaker füllen und gut schütteln. Gin, Meersalz, Bitter und ein paar Eiswürfel hinzugeben und erneut gut durchschütteln. Cocktail durch ein Barsieb in ein kühles Martiniglas abseihen und kalt servieren.

Tipp:

Es ist ratsam, den „Oceanside Fizz“ ein zweites Mal abzuseihen.

Gibson

Der „Gibson“ zählt mit zu den populärsten Varianten des klassischen Martini Cocktails. Die Erfindung ist dabei eher einem Zufall zu verdanken. Ein Barkeeper aus dem New Yorker Players Club hatte schlicht und ergreifend keine Oliven mehr. Deshalb garnierte er seine Martinis mit Silberzwiebeln. Das Ergebnis war der „Gibson“.

Zutaten:

- 6 cl Gin
- 2 cl Wermut (trocken)
- 3 Silberzwiebeln
- etwas Eis

Zubereitung:

Eis in ein Rührglas geben. Gin und Wermut beifügen und alles gut verrühren. Ergebnis in ein vorgekühltes Martiniglas seihen und mit Silberzwiebeln dekorieren.

Tipp:

Wer will kann die Silberzwiebeln sogar selbst einlegen.

Frische Rezepte

Gin Fizz

Der „Gin Fizz" ist ein erfrischender Cocktail auf Gin-Basis. Er ist insbesondere an warmen Sommerabenden heiß begehrt.

Zutaten:

- 5 cl Gin
- 3 cl Zitronensaft
- 1 cl Zuckersirup
- etwas Sodawasser
- viel Eis

Zubereitung:

Den Gin mit dem Limettensaft, dem Zuckersirup und viel Eis zusammen in einen Shaker füllen und gut schütteln. Das Ergebnis wird anschließend in ein kühles Highballglas gefüllt und mit Tonic Water aufgegossen.

Tipp:

Der optimale „Gin Fizz" hat eine kleine Schaumkrone.

Business

Der den „Bee's Knees" mag, der wird den „Business" lieben. Statt mit Zitronensaft wird dieser Cocktail mit Limettensaft zubereitet.

Zutaten:

- 6 cl Dry Gin
- 4 cl Limettensaft (frisch)
- 3 cl Honigsirup

Zubereitung:

Die Zubereitung des „Business" erinnert stark an die des „Bee`s Knees". Zu Beginn werden der Honigsirup und der Gin in einen Shaker gegeben und gut miteinander vermengt. Anschließend werden Eiswürfel und Limettensaft beigefügt und alles erneut gut geshaket. Abschließend wird der Drink vorsichtig in ein vorgekühltes Cocktailglas gegeben und sofort serviert.

Tipp:

Ein „Business" wird stilecht in einer Coupette getrunken.

Optimist

Der „Optimist“ hat sich seinen Namen redlich verdient. Der fruchtig-frische Cocktail macht sofort gute Laune und sorgt für positive Gedanken.

Zutaten:

- 3 cl Gin
- 2 cl Creme de Cassis
- 2 cl Ananassaft
- 1 cl Maracujasirup
- etwas Orangensaft
- ein paar Eiswürfel

Zubereitung:

Gin, Ananassaft und Marakujasirup in einen Shaker geben, ein paar Eiswürfel beifügen und alles gut durchschütteln. Das Ergebnis in ein Highballglas abseihen und mit Orangensaft auffüllen. Abschließend wird der Cocktail mit etwas Creme de Cassis verfeinert.

Tipp:

Wer möchte, kann den fruchtigen Sommer-Cocktail mit etwas Maracujasirup abrunden.

Blueberry Gin & Tonic

Den „Gin & Tonic“ gibt es in einer Vielzahl von Versionen und Varianten. Eine davon ist der „Blueberry Gin & Tonic“.

Zutaten:

- 10 cl Tonic Water
- 4 cl Gin
- 1 cl Blaubeersirup
- 10 cl Tonic Water
- 1 Handvoll Blaubeeren
- ein paar Minzblätter
- etwas Eis

Zubereitung:

Gin und Blaubeersirup in ein Highballglas füllen und gut miteinander vermengen. Eis und Blaubeeren beifügen und alles mit Tonic Water aufgießen.

Tipp:

Für die spezielle geschmackliche Note ist es ratsam, den Cocktail mit ein paar Minzblättern zu garnieren.

Raspberry Thyme Smash

Der „Raspberry Thyme Smash" zählt zu den „jungen Wilden" unter den Gin-Cocktails. Er trat vor ungefähr 10 Jahren das erste Mal in Erscheinung.

Zutaten:

- 6 cl Gin
- 3 cl Limettensaft
- 2 cl Zuckersirup
- 6-10 Himbeeren
- 1 Zweig Thymian
- ein paar Eiswürfel
- etwas Crushed Ice

Zubereitung:

Himbeeren und Thymian in einen Shaker geben und unter Beihilfe eines Stößel zerdrücken. Die restlichen Zutaten zusammen mit einigen Eiswürfeln beifügen und gut durchschütteln. Drink durch ein feines Sieb in einen Tumbler abseihen und mit etwas Crushed Ice anrichten.

Tipp:

Als Garnitur empfiehlt sich ein Zweig Thymian.

Orange Blossom

Während der Prohibitionszeit entstanden viele Cocktails. Der „Orange Blossom" ist einer davon.

Zutaten:

- 5 cl Gin
- 5 cl Orangensaft
- 1 cl Triple Sec
- 1 Spritzer Fleurs d'orange
- ein paar Eiswürfel

Zubereitung:

Alle Zutaten in einen Cocktailshaker geben und mit ein paar Eiswürfeln auffüllen. Alles gut durchschütteln und in eine Cocktailschale abseihen. Alternativ kann auch ein Martiniglas verwendet werden.

Tipp:

Wer möchte, kann den „Orange Blossom" auch in einem Tumbler servieren.

Gin Rickey

Der „Gin Ricky“ trat das erste Mal zu Beginn des 20. Jahrhunderts in Washington D.C. in Erscheinung. Er geriet allerdings kurz danach wieder in Vergessenheit. Anfang dieses Jahrhunderts feierte der Cocktail glücklicherweise ein Revival.

Zutaten:

- 4 cl Gin
- 2 cl Limettensaft
- 1 cl Zuckersirup
- etwas Sodawasser
- viel Eis

Zubereitung:

Den Gin, den Limettensaft und den Zuckersirup zusammen mit viel Eis in einen Cocktailshaker füllen und gut schütteln. Drink durch ein Sieb in ein Highballglas geben und alles mit Sodawasser auffüllen.

Tipp:

Als Garnitur für den Glasrand empfiehlt sich Zitronensaft. Das verleiht dem Cocktail eine säuerliche Note.

Pink Rose

Der „Pink Rose“ entstand bereits in den Zwanziger Jahren des letzten Jahrhunderts. Er wurde von Harry MacElhone erfunden.

Zutaten:

- 6 cl Gin
- 3 cl Granatapfelsirup
- 1 Spritzer Zitronensaft
- 1 Eiweiß
- 1 wenig Sahne
- ein paar Eiswürfel

Zubereitung:

Eiswürfel in einen Cocktailshaker füllen. Die restlichen Zutaten hinzugeben und alles gut durchschütteln. Drink unter Beihilfe eines Barsiebes in ein vorgekühltes Cocktailglas seihen und kühl genießen.

Tipp:

Stilecht trinkt man einen „Pink Rose“ aus einem Tumblr.

Bramble

Der „Bramble“ erblickte im Jahre 1984 in London das Licht der Welt. Er hat sich zu einem der absoluten Klassiker unter den Gin-Cocktails gemausert.

Zutaten:

- 5 cl Gin
- 2 cl Zitronensaft
- 1 cl Zuckersirup
- 8 Brombeeren
- Crushed Ice

Zubereitung:

Als erstes werden ein paar Brombeeren in einen Tumblr gegeben und zerstampft. Die restlichen Brombeeren werden Beiseite gestellt. Sie werden später für die Dekoration benötigt. Im Anschluss daran wird der Tumbler mit Crushed Ice aufgefüllt und anschließend mit Gin, Zitronensaft Sirup angereichert. Zuletzt werden alle Zutaten gut miteinander verrührt und mit den Brombeeren garniert.

Tipp:

Für den besseren Geschmack empfiehlt es sich, selbstgepflückte Brombeeren zu verwenden.

Gin Buck

Der „Gin Buck“ ist einer der einfachsten aber zugleich auch leckersten Gin-Cocktails.

Zutaten:

- 4 cl Gin
- 10 cl Ginger Ale
- 1 Spritzer Zitronensaft
- etwas Eis

Zubereitung:

Den Gin zusammen mit dem Zitronensaft in ein mit viel Eis gefülltes Highballglas geben. Mit Ginger Ale auffüllen und sofort servieren.

Tipp:

Wer möchte, der kann den „Gin Buck“ mit einer Zitronenschale oder einer Zitronenscheibe garnieren.

Green Morning

Der „Green Morning“ ist ein fruchtig-frischer und optisch ansprechender Gin-Cocktail. Er schmeckt allerdings zu jeder Tageszeit.

Zutaten:

- 3 cl Gin
- 3 cl Blue Curaçao
- 4 cl Orangensaft
- 4 cl Maracujasaft
- 4 cl Grapefruitsaft
- 2 cl Limettensaft (frisch)
- etwas Crushed Ice
- ein paar Eiswürfel

Zubereitung:

Die Zutaten in einen mit Crushed Ice befüllten Shaker geben und ordentlich durchschütteln. Ergebnis vorsichtig in ein Cocktailglas mit Eiswürfeln gießen.

Tipp:

Für die schöne grüne Farbe ist der Blue Curaçao verantwortlich.

Blue St. Tropez

Der „Blue St. Tropez“ ist nicht nur lecker – der sieht auch gut aus. Die blaue Farbgebung in Verbindung mit dem frischen Geschmack versetzen einen direkt nach St. Tropez.

Zutaten:

- 3 cl Rum
- 2cl Orange Bitters
- 2 cl Zuckersirup
- 2 cl Limettensaft
- 1 cl Blue Curacao
- ein paar Eiswürfel

Zubereitung:

Rum, Bitters, Zuckersirup, Limettensaft und Blue Curacao in einen Cocktailshaker füllen und ordentlich shaken. Cocktail in Gläser mit Eiswürfeln füllen und kühl servieren.

Tipp:

Als Cocktailgläser für den „Blue St. Tropez“ empfehlen sich Tumblers.

Himbeer-Ingwer Fizz

Die Fizz-Familie hat viele Mitglieder. Einer davon ist der „Himbeer-Ingwer Fizz". Er ist spritzig-frisch und deshalb eine willkommene Erfrischung für laue Sommerabende.

Zutaten:

- 5 cl Gin
- 2 cl Zitronensaft
- 2 cl Zuckersirup
- ein paar Himbeeren
- etwas Ingwer
- ein wenig Sodawasser

Zubereitung:

Alle Zutaten, außer dem Sodawasser, in einen Shaker füllen und gut durchschütteln. Drink durch ein Barsieb in ein vorgekühltes Cocktailglas abseihen und kühl genießen.

Tipp:

Wer möchte kann seinen „Himbeer-Ingwer Fizz" mit ein paar Himbeeren garnieren.

Cucumber Mint Gin Fizz

Die Kombination aus Minze, Zitrone und Gurke verleiht dem „Cubumber Mint Gin Fizz“ eine unvergleichliche Frische.

Zutaten:

- 6 cl Gin
- 8 Blätter Minze
- 1 Gurke
- 1 Spritzer Zitronensaft
- Tonic Water
- ein paar Eiswürfel

Zubereitung:

Zuerst wird die Gurke geschält und gewürfelt. Anschließend gibt man die Minzblätter in ein Rührglas und zerkleinert sie. Hierfür empfiehlt sich ein Stößel. Danach werden ein paar Gurken sowie der Gin in das Glas gegeben. Im nächsten Schritt wird das Rührglas mit Frischhaltefolie abgedeckt und für ungefähr 2 Stunden in den Kühlschrank gestellt. Nach Ablauf der Zeit füllt man ein paar Eiswürfel in ein Highballglass und reichert alles mit etwas Limettensaft an. Zu guter Letzt gießt man den Gin durch ein Sieb in das Glas und füllt alles mit Tonic Water auf.

Tipp:

Statt Minze kann auch Basilikum verwendet werden.

Watermelon Gin & Tonic

Der „Gin & Tonic“ ist DER Gin-Cocktail schlechthin. Man kann ihn aber auch wunderbar ab- und umwandeln. Ein gutes Beispiel dafür ist der „Watermelon Gin & Tonic“.

Zutaten:

- 6 cl Gin
- 6 cl Wassermelonensaft
- 6 cl Tonic Water
- 1 Spritzer Zitronensaft
- viel Eis

Zubereitung:

Cocktailshaker mit Eis befüllen. Gin, Wassermelonensaft und Zitronensaft in den Shaker gießen und alles gut durchschütteln. Ein paar Eiswürfel in ein Highballglas füllen und den Drink durch ein Barsieb in das Highballglas abseihen. Alles mit Tonic Water auffüllen und mit einer Wassermelonenspalte garnieren.

Tipp:

Der „Watermelon Gin & Tonic“ ist der Star auf jeder Gartenparty. Bei mehreren Gästen ist es ratsam, einen ganzen Pitcher vorzubereiten.

Exotische Rezepte

Banana Flip

Der „Banana Flip“ ist ein Hauch Urlaub und Exotik für zu Hause.

Zutaten:

- 2 cl Gin
- 3 cl Creme de Bananas (Likör)
- 2 cl Sahne
- 1 cl Zuckersirup
- 1 Eigelb
- 1 Prise Muskatnuss
- viel Eis

Zubereitung:

Eis in einen Cocktailshaker füllen. Restliche Zutaten beifügen und alles gut durchschütteln. Drink in ein Longdrinkglas seihen und kühl genießen. Statt einem Longdrink- kann auch ein Hurricaneglas verwendet werden.

Tipp:

Frische Muskatnuss kommt erst am Ende über den Cocktail.

Tropical Orange

Der „Tropical Orange“ ist ein fruchtig-frischer Sommercocktail. Er schmeckt nicht nur gut – er sieht auch noch gut aus. Der Gin-Cocktail besitzt eine wunderschöne Farbgebung.

Zutaten:

- 6 cl Orangensaft
- 3 cl Orangenlikör
- 4 cl Grapefruitsaft
- 2 cl Gin
- viel Eis

Zubereitung:

Alle Zutaten zusammen mit viel Eis in einen Cocktailshaker füllen. Alles gut durchschütteln. Eiswürfel in ein Hurricaneglas füllen. Drink durch ein Barsieb in das Hurricaneglas seihen und kühl servieren.

Tipp:

Als Dekoration empfiehlt sich eine Orangen- oder Ananasscheibe.

Ananas-Eis-Cocktail mit Gin

Der „Ananas-Eis-Cocktail mit Gin“ ist ein willkommener Gast auf jedem Gartenfest. Er ist ein fruchtig-frischer Genuss für laue Sommerabende.

Zutaten:

- 5 cl Gin
- 30 ml Limettensaft (frisch)
- 30 ml Ananassaft (frisch)
- 60 ml Zuckersirup
- 200 g Ananas
- ein paar Eiswürfel
- etwas Minze

Zubereitung:

Alle Zutaten, außer den Eiswürfeln und der Minze, in einen Mixer geben und zu Püree verarbeiten. Eiswürfel auf Cocktailgläser verteilen und mit dem Drink befüllen.

Tipp:

Wer möchte, der kann den Cocktail mit Ananas und Minze garnieren.

Golden Dawn

Der „Golden Dawn“ ist eher ein Außenseiter unter den Gin-Cocktails. Das soll sich aber bald ändern. Der Drink lässt sich mühelos zubereiten und besitzt eine herrliche säuerliche Note.

Zutaten:

- 3 cl Gin
- 2 cl Apricot Brandy
- 1 Spritzer Grenadine
- 6 cl Orangensaft
- viel Eis

Zubereitung:

Alle Zutaten in einen Cocktailshaker mit viel Eis füllen und gut shaken. Ergebnis vorsichtig in ein Martiniglas gießen und genießen.

Tipp:

Der „Golden Dawn“ kann, bei Bedarf, auch mit Calvados zubereitet werden.

Mango Gin

Der „Mango Gin“ ist ein fruchtig-frischer Gin-Cocktail. Er ist insbesondere an warmen Sommerabenden heiß begehrt.

Zutaten:

- 3 cl Gin
- 12 cl Bitter Lemon
- 1 cl Zuckersirup
- 40 g Mango
- etwas Crushed Ice

Zubereitung:

Zuerst wird die Mango geschält und in kleine Stücke geschnitten. Besagte Mangostücke werden dann mit etwas Zuckersirup in ein Glas gegeben und gut miteinander vermengt. Die Mango muss dabei gut zerdrückt werden. Als nächstes kommt der Gin zusammen mit etwas Crushed Ice in das Glas. Nachdem alles mit Bitter Lemon aufgegossen wurde kann der Drink eiskalt serviert werden.

Tipp:

Statt Zuckersirup kann auch normaler Zucker (1 TL) verwendet werden.

Jungle Juice

Der „Jungle Juice“ ist ein wunderbarer exotischer Cocktail, welcher sofort ein Urlaubs-Feeling entstehen lässt.

Zutaten:

- 2 cl Gin
- 1 cl Apricot Brandy
- 4 cl grüner Bananenlikör
- 1 cl Zitronensaft
- etwas Orangensaft
- viel Eis

Zubereitung:

Alle Zutaten in einen Boston Shaker mit viel Eis geben und kräftig shaken. Eiswürfel in ein Hurricaneglas geben und den Cocktail in das Glas abseihen.

Tipp:

Zur Dekoration empfiehlt sich eine Sternfrucht.

Lady Killer

Der „Lady Killer" ist ein tropischer-fruchtiger Gin-Cocktail für laue Sommerabende.

Zutaten:

- 50 ml Ananassaft
- 50 ml Maracujasaft
- 25 ml Gin
- 18 ml Brandy
- 18 ml Orangenlikör
- 1 Limette
- ein paar Eiswürfel

Zubereitung:

Zuerst ein paar Eiswürfel in ein dafür vorgesehenes Glas füllen. Im nächsten Schritt werden alle Zutaten, außer der Limette, in das vorbereitete Glas gegeben und vorsichtig miteinander verrührt. Das Ergebnis wird danach durch ein Barsieb in ein weiteres hohes Glas abgeseiht. Wer möchte, der kann jetzt die Limette in Stücke schneiden und den Cocktail damit garnieren.

Tipp:

Für die Zubereitung des „Lady Killer" empfiehlt sich Tanqueray London Dry Gin.

Park Avenue Martini

Vielen Gin-Liebhabern ist der klassische Martini etwas zu trocken und zu herb. Da kommt der „Park Avenue Martini“ genau richtig.

Zutaten:

- 6 cl Gin
- 3 cl Ananassaft
- 1,5 cl süßer Wermut
- 1,5 cl Triple Sec
- 3 cl Ananassaft
- 1 Spritzer Orangenbitter
- etwas Eis

Zubereitung:

Alle Zutaten in einen mit Eis gefüllten Cocktailshaker geben und gründlich durchschütteln. Drink in ein gekühltes Martiniglas abgießen und eiskalt genießen.

Tipp:

Der „Park Avenue Martini“ ist geeignet für Gins mit einer milderen Geschmacksnote.

Green Dragon

Der „Green Dragon" macht seinem Namen alle Ehre. Der Drink besitzt eine tiefgrüne Farbgebung.

Zutaten:

- 6 cl Gin
- 1,5 cl Limettensaft
- 1,5 cl Creme de Menthe
- 2 Spritzer Angostura Bitter
- viel Eis

Zubereitung:

Den Gin, den Limettensaft und den Angostura zusammen mit der Creme de Menthe in einen mit viel Eis gefüllten Boston Shaker füllen und ordentlich shaken. Das Ergebnis durch ein Barsieb in ein vorgekühltes Martiniglas seihen und servieren.

Tipp:

Als Garnitur empfiehlt sich Minze.

Joy of Love

Der „Joy of Love“ ist Liebe auf den ersten Schluck.

Zutaten:

- 12 cl Maracujasaft
- 4 cl Gin
- 2 cl Brandy
- 2 cl Limettensaft (frisch)
- 1 cl Grenadine
- ein paar Eiswürfel

Zubereitung:

Gin, Brandy, Maracujasaft, Limettensaft und Grenadine in einen Shaker mit Eiswürfeln geben und gut durchschütteln. Anschließend den Cocktail in ein vorgekühltes Cocktailglas abseihen. Hierfür empfiehlt sich ein Barsieb.

Tipp:

Wer möchte, der kann den „Joy of Love“ mit einer Zitronenscheibe garnieren.

Coconut Gin & Tonic

Der „Coconut Gin & Tonic“ ist wunderbar exotisch. Er lässt Fernweh nach Sommer, Sonne Strand und Meer aufkommen.

Zutaten:

- 6 cl Gin
- 6 cl Kokoswasser
- 6 cl Tonic Water
- 1 Limette
- 4 Blätter Minze
- ein paar Eiswürfel

Zubereitung:

Zuerst wird die Limette in Spalten geschnitten und zusammen mit 2 Minzblättern in ein Glas gegeben. Die Zutaten werden jetzt leicht zerdrückt. Hierfür empfiehlt sich ein Stößel. Im Anschluss daran wird das Glas mit Eiswürfeln gefüllt und mit etwas Gin, Kokoswasser und Tonic Water angereichert. Der Cocktail wird mit 2 weiteren Minzblättern garniert und kühl serviert.

Tipp:

Wer Kokos mag, wird den „Coconut Gin & Tonic“ lieben.

Gin-Colada

Der „Pina Colada“ zählt mit zu den Klassikern unter den Cocktails. Die Variante mit Gin nennt sich „Gin-Colada“. Er ist ein Muss auf jedem Sommerfest.

Zutaten:

- 4 cl Gin
- 50 ml Kokosmilch
- 150 ml Ananassaft
- 1 TL Zucker
- 1 Ananas
- ein wenig Crushed Ice

Zubereitung:

Zuerst wird die Ananas in Scheiben geschnitten. Anschließend alle Zutaten in einen Shaker geben und ordentlich durchschütteln. Im nächsten Schritt wird der Drink auf Cocktailgläser mit Crushed Ice verteilt und kühl genossen.

Tipp:

Als Dekoration für den Gläserrand empfiehlt sich eine Ananasscheibe.

Blue Blooded

Der „Blue Blooded" ist lecker und farbenfroh. Er verbreitet sofort gute Laune.

Zutaten:

- 4 cl Gin
- 4 cl Maracujasaft
- 1 Mango
- 2 Spritzer Blue Curacao
- etwas Crushed Ice
- etwas Eis

Zubereitung:

Zu Beginn wird die Mango gewürfelt. Anschließend gibt man den Gin zusammen mit dem Maracujasaft, etwas Eis und den Mangowürfeln in einen Mixer und verarbeitet alles zu einem Püree. Danach füllt man etwas Crushed Ice in ein Highballglas und gießt das Püree hinein. Abschließend wird er Cocktail mit etwas Blue Caracao verfeinert.

Tipp:

Statt Mango kann man auch Pfirsich oder Honigmelone verwenden.

Seven Seas

Der „Seven Seas“ ist eine weitere interessante Variante des klassischen „Gin & Tonic“. Er verbreitet sofort einen Hauch Exotik.

Zutaten:

- 3 cl Gin
- 6 cl grüner Bananenlikör
- 1,5 cl Creme de Bananas (Likör)
- 18 cl Tonic Water

Zubereitung:

Alle Zutaten, außer dem Tonic Water, in einen Cocktailshaker mit viel Eis füllen und gut durchschütteln. Highballglas mit Eiswürfeln befüllen. Drink in das Glas gießen und mit Tonic Water auffüllen.

Tipp:

Der „Seven Seas“ ist eine farbenfrohe Schönheit. Er macht nicht nur in der Hand, sondern auf auf einem Erinnerungsfoto eine gute Figur.

Newcomer Rezepte

Lord Bull

Mit diesem Cocktail auf Gin-Basis heben Sie unter Garantie ab.

Zutaten:

- 3 cl Gin
- 4 cl Red Bull
- etwas Eis

Zubereitung:

Gin, Red Bull und etwas Eis in einen Tumbler füllen und alles gut miteinander vermengen.

Tipp:

Der „Lord Bull“ wird on the rocks getrunken. Er braucht keine Garnitur um zu glänzen.

Frozen Gin Tonic

Der „Frozen Gin Tonic" ist der wohl erfrischendste Gin Tonic überhaupt.

Zutaten:

- 6 cl Gin
- 0,5 l Tonic Water
- 1 cl Zuckersirup
- 1 Spritzer Limettensaft

Zubereitung:

Tonic Wasser in eine handelsübliche Eiswürfelform füllen und im Tiefkühlfach einfrieren. Gin, Zuckersirup, Limettensaft und die zubereiteten Eiswürfel in einen Mixer geben und gut miteinander vermengen. Drink in ein vorgekühltes Glas füllen und genießen.

Tipp:

Wer möchte, kann auch ein paar mehr Eiswürfel oder Crushed Ice verwenden.

Gin Gin Mule

Der „Gin Gin Mule“ ist ein neuartiger Gin-Cocktail. Er wurde in New York entwickelt.

Zutaten:

- 5 cl Gin
- 3 cl Limettensaft
- 3 cl Zuckersirup
- 10 Blätter Minze
- etwas Ginger Beer
- ein paar Eiswürfel

Zubereitung:

Minzblätter zusammen mit dem Limettensaft und dem Zuckersirup in einen Cocktailshaker füllen und vorsichtig zerdrücken. Gin und ein paar Eiswürfel beifügen und alles gut durchschütteln. Eiswürfel in ein Glas füllen und den Drink in das Glas gießen. Alles mit Ginger Beer auffüllen und mit etwas Minze dekorieren.

Tipp:

Für die Zubereitung des „Gin Gin Mule“ empfiehlt sich ein Gin mit Wachholder-Note.

Gin Basil Smash

Der „Gin Basil Smash“ erblickte 2008 in Hamburg das Licht der Welt.

Zutaten:

- 6 cl Gin
- 2 cl Zitronensaft
- 2 cl Zuckersirup
- 8 Blätter Basilikum
- ein paar Eiswürfel

Zubereitung:

Basilikumblätter in einen Cocktailshaker geben und unter Beihilfe eines Stößels zerdrücken. geben und mit dem Stößel zerdrücken. Gin, Zitronensaft, Zitronensirup sowie ein paar Eiswürfel beifügen und alles kräftig shaken. Eiswürfel in einen Tumbler füllen. Cocktail durch ein Barsieb in den Tumbler gießen und servieren.

Tipp:

Bei den Basilikumblättern bleibt der Stängel dran. Diese sorgen für die markante grüne Farbgebung.

Breakfast Martini

Der „Breakfast Martini“ kann auch morgens getrunken werden.

Zutaten:

- 4 cl Gin
- 2 cl Zitronensaft
- 1 cl Triple Sec
- 2 TL Orangenmarmelade
- viel Eis

Zubereitung:

Alle Zutaten zusammen mit viel Eis in einen Cocktailshaker füllen und ordentlich shaken. Cocktail in ein Martiniglas gießen. Die Eiswürfel bleiben dabei im Shaker.

Tipp:

Die ideale Marmelade für den „Breakfast Martini“ ist englische Orangenmarmelade mit dünnen Schalenstücken.

Queen Garden

Der erfrischende „Queen Garden" ist auf jeder sommerlichen Gartenparty ein gern gesehener Gast.

Zutaten:

- 50 ml Gin
- 30 ml Holundersaft
- 30 ml Limettensaft
- 150 ml Wasser
- ein paar Eiswürfel

Zubereitung:

Eiswürfel in einen Shaker füllen. Gin, Wasser, Holundersaft und Limettensaft beifügen und gut schütteln. Cocktail auf vorgekühlte Gläser verteilen und sofort servieren.

Tipp:

Als Garnitur empfiehlt sich eine Gurken- oder Limettenscheibe.

Gin Tonic Coffee Cucumber

Der „Gin Tonic Coffee Cucumber“ ist ein absoluter Newcomer unter den Gin-Cocktails

Zutaten:

- 20 cl Tonic Water
- 6 cl Gin
- 4 cl Cold Brew Coffee
- 1 Gurke
- ein paar Eiswürfel

Zubereitung:

Einleitend wird die Gurke in Scheiben geschnitten. Die Gurkenscheiben dienen als Dekoration für das Cocktailglas. Anschließend werden Eiswürfel in das Glas gegeben und alles mit Gin, Tonic Water und Kaffee angereichert.

Tipp:

Zur Zubereitung des „Gin Tonic Coffee Cucamper“ empfiehlt sich der Gin „Juniper Jack“.

Soho Sling

Auch der „Sling“ hat viele Gesichter. Eines davon ist der „Soho Sling“.

Zutaten:

- 5 cl Apfelsaft (naturtrüb)
- 4 cl Gin
- 2 cl Limettensaft
- etwas Ginger Beer
- ein paar Eiswürfel

Zubereitung:

Ein hohes Glas mit Eiswürfeln befüllen. Gin, Apfelsaft und Limettensaft beifügen und alles mit etwas Ginger Beer aufgießen.

Tipp:

Als Garnitur empfiehlt sich eine Apfelscheibe.

Ginger Rogers

Als Erfinder des „Ginger Rogers“ gelten die Baarkeeper Kathy Flick and Marcovaldo Dionysos.

Zutaten:

- 3 cl Limettensaft
- 3 cl Ingwersirup
- 5 cl Gin
- 8 Blätter Minze
- etwas Ginger Ale
- etwas Eis

Zubereitung:

Die Minzblätter zusammen mit dem Ingwersirup in ein hohes Glas geben und zerdrücken. Hierfür eignet sich ein Stößel. Ein paar Eiswürfel in das Glas geben und den Gin sowie den Limettensaft beifügen. Alles mit Ginger Ale aufgießen und vorsichtig verrühren.

Tipp:

Mit einem Strauß Minze garnieren. Dieser wird auf das Glas gelegt.

Five A Day

Der „Five A Day“ wurde im Jahre 2016 während eines Wettbewerbs entwickelt. Er konnte dort den ersten Platz für sich beanspruchen.

Zutaten:

- 6 cl Gin
- 3 cl Zitronensaft
- 3 cl Selleriesaft
- 2 Zweige Rosmarin
- 1 Prise Salz
- 2 TL Zucker
- etwas Sekt (trocken)

Zubereitung:

Einen der Rosmarinzweige zusammen mit etwas Salz und Zucker in einen Shaker geben und andrücken. Den Gin, den Zitronen- und den Selleriesaft beifügen und alles gut durchschütteln. Drink in ein Kelchglas abseihen und mit Sekt aufgießen.

Tipp:

Der „Five A Day“ wird gerne zum Brunch oder als Aperitiv gereicht.

Deep Blue Sea

Der „Deep Blue Sea“ ist ein weiterer Neuling unter den Gin-Cocktails.

Zutaten:

- 6 cl Dry Gin
- 2 cl Cocchi Americano
- 1 cl Veilchensirup
- etwas Orangenbitter
- ein paar Eiswürfel

Zubereitung:

Alle Zutaten in ein Gefäß füllen und gut miteinander vermengen. Wichtig dabei ist, dass sich der Sirup komplett auflöst. Als nächstes werden ein paar Eiswürfel in ein Glas gefüllt. Drink vorsichtig in das Glas füllen und erneut verrühren. Alles unter Beihilfe eines Barsiebs in ein kühles Cocktailglas abseihen.

Tipp:

Als Garnitur empfiehlt sich eine Zitronen- oder eine Limettenscheibe.

Mr. Pink

Der „Mr. Pink" ist wunderschön anzusehen. Er ist ein absolutes Highlight und ein willkommener Gast auf jeder Sommerparty.

Zutaten:

- 6 cl Grapefruitsaft
- 5 cl Gin
- 3 cl Rosmarinsirup
- 2 Spritzer Agostura Bitter
- etwas Crushed Ice

Zubereitung:

Alle Zutaten in einen Cocktailshaker geben und gut durchschütteln. Drink in einen Tumbler füllen und mit Crushed Ice anrichten.

Tipp:

Wer möchte, kann den Mr. Pink mit einer Grapefruitscheibe garnieren.

Frozemary

Der „Frozemary“ ist fruchtig-frischer Sommercocktail.

Zutaten:

- 2,5 cl Gin
- 2,5 cl Aperol
- 2,5 cl Rosewein
- 5 Erdbeeren
- etwas Crushed Ice

Zubereitung:

Zuerst die Erdbeeren waschen und putzen. Im nächsten Schritt werden die Erdbeeren unter Beihilfe eines Stößels zerdrückt. Alternativ können sie auch in einem Mixer püriert werden. Erdbeerpüree und die restlichen Zutaten in einen Shaker füllen und gut shaken. Crushed Ice in einen kühlen Tumbler geben. Drink durch ein feines Sieb in den Tumbler abseihen und genießen.

Tipp:

Wer keinen Shaker hat, der kann den Cocktail auch in einem Mixer zubereiten.

Rezepte aus der Heimat

Schwarzwald Säuerling

Der „Schwarzwald Sauerling“ vereint das beste aus dem Schwarzwald. Er wird auf kalten Steinen serviert.

Zutaten:

- 4 cl Gin
- 2 cl Verjus Royal
- 1 cl Fichtensprossengeist (Obstbrand)
- 1 cl Apfeldicksaft
- etwas Mineralwasser

Zubereitung:

Alle Zutaten, außer dem Mineralwasser, in einen Cocktailshaker mit Eis füllen und ordentlich shaken. Ein vorgekühltes Glas mit kühlen Kieselsteinen füllen und etwas Mineralwasser beifügen. Drink darauf abseihen und vorsichtig verrühren.

Tipp:

Der „Schwarzwald Säuerling“ wird klassisch mit einem Sauerampferblatt garniert.

Glüh Gin

Es muss nicht immer Glühwein sein. Ein „Glüh Gin" wärmt Körper und Seele an kalten Winterabenden.

Zutaten:

- 2 cl Gin
- etwas Apfelsaft
- etwas frischer Ingwer
- 1 Zimtstange
- ein paar Gewürznelken
- 1 Orangenschale
- 1 Messerspitze Piment

Zubereitung:

Zu Beginn wird der Ingwer klein gehackt und die Orangenschale abgerieben. Im Anschluss daran werden die Gewürze in den Apfelsaft gegeben und alles für ungefähr 20 Minuten erhitzt. Aber Vorsicht! Der Apfelsaft darf nicht zum Kochen gebracht werden. Anschließend den heißen Saft in Becher füllen und mit 2 cl Gin auffüllen.

Tipp:

Ein Sloe Gin verwendet verleiht dem Getränk sowohl eine fruchtige Note wie auch eine rote Farbe.

Munich Mule

Angeblich stammt der „Munich Mule" aus München. Dies ist zwar nicht faktisch bewiesen, ist aber auf jeden Fall durchaus plausibel.

Zutaten:

- 8 cl Ingwer Beer
- 5 cl Gin
- 2 cl Limettensaft
- ein paar Gurkenscheiben
- 8 cl Ingwer Beer
- etwas Eis

Zubereitung:

Alle Zutaten, außer den Gurken, direkt in ein Glas mit Eis geben und gut miteinander verrühren. Alles mit Gurkenscheiben garnieren und servieren.

Tipp:

Statt Gurkenscheiben kann auch ein langes Gurkenblatt verwendet werden.

Grüner Apfel Gin

Der „Grüne Apfel Gin“ ist eine neumodische Variante des „Appletini“ war gestern.

Zutaten:

- 2 cl Gin
- 2 cl Apfelsaft
- 2 cl Limettensaft
- 1/2 grüner Apfel
- viel Eis

Zubereitung:

Zu Beginn den Apfel gründlich waschen und in dünne Scheiben schneiden. Gin, Apfelsaft und Limettensaft in einen Cocktailshaker mit viel Eis füllen und gut durchschütteln. Cocktail in ein Highballglas abseihen und mit den Apfelscheiben garnieren.

Tipp:

Für die bessere Optik empfiehlt es sich, die Apfelscheiben mit Zitronensaft zu beträufeln.

Grassnost

Der „Grassnost“ ist ein wunderbares Zusammenspiel aus Gurke und Holunderblüte.

Zutaten:

- 16 cl Booster Green Gras
- 4 cl Gin
- 2 cl Zitronensaft
- 2 cl Holunderblütensirup
- 1/2 Salatgurke
- viel Eis

Zubereitung:

Salatgurke waschen und ohne zu schälen kleinschneiden. Zusammen mit dem Zitronensaft und dem Gin in einen Mixer füllen und pürieren. Das Püree zusammen mit dem Holunderblütensirup und viel Eis in einen Shaker füllen und ordentlich shaken. Anschließend durch ein feines Sieb in einen Tumbler abseihen. Und mit Booster Green Grass aufgießen.

Tipp:

Statt Booster Green Gras kann auch ein anderer Cocktail verwendet werden.

Spritzige Rezepte

Mc Fly

Der „Mc Fly“ ist ein prickelnder Gin-Cocktail mit Sekt. Er eignet sich hervorragend für ganz spezielle Anlässe.

Zutaten:

- 2 cl Gin
- 2 cl Zitronensaft
- 3 cl Sekt
- ein paar Eiswürfel

Zubereitung:

Den Gin zusammen mit dem Zitronensaft und einigen Eiswürfeln in einen Shaker geben und kräftig schütteln. Anschließend in eine Cocktailschale abseihen und mit etwas Sekt aufgießen.

Tipp:

Eine Cocktailkirsche verleiht dem Cocktail die nötige Farbe und Eleganz.

Ginny

Der „Ginny" wurde im Jahre 1984 während der International Cocktail Competition entwickelt. Er ergatterte sofort einen der führenden Plätze.

Zutaten:

- 4 cl Gin
- 4 cl Zitronensaft
- 2 cl roten Wermut
- 2 cl roten Grenadine
- etwas Tonic Water

Zubereitung:

Alle Zutaten, außer dem Tonic Water, in ein Rührglas mit Eis geben und gut verrühren. Drink mithilfe eines Barsiebs in ein hohes Highballglas abgießen und mit kaltem Tonic Water auffüllen.

Tipp:

Als Garnitur empfiehlt sich eine Limettenschale.

Tom Collins

Der „Tom Collins“ ist bereits ein alter Hase unter den Gin-Cocktails. Er zählt mit zu den bekanntesten und beliebtesten Gin Sour-Cocktails.

Zutaten:

- 5 cl Gin
- 3 cl Zitronensaft
- 3 cl Zuckersirup
- ein paar Eiswürfel
- etwas Mineralwasser

Zubereitung:

Alle Zutaten in einen Shaker geben und gut miteinander vermengen. Eiswürfel in ein hohes Glas geben und den Drink in das Glas füllen. Alles mit Mineralwasser auffüllen und mit einer Zitronenscheibe garnieren.

Tipp:

Für einen „Tom Collins“ verwendet man einen Old Tom Gin.

Beverly Hills Iced Tea

Der „Beverly Hills Iced Tea“ ist eine Anlehnung an den bekannten „Long Island Ice Tea“. Er erinnert nicht nur namentlich an den Klassiker. Der Cocktail ist ebenso stark. Der Champanger verleiht dem Drink allerdings einen Hauch Luxus.

Zutaten:

- 4 cl Champagner
- 2 cl Zuckersirup
- 1 cl Gin
- 1 cl Wodka
- 1 cl Cointreau
- 1 cl Limettensaft
- viel Eis

Zubereitung:

Viel Eis in einen Cocktailshaker füllen. Alle Zutaten, außer dem Champagner, beifügen. Inhalt gut schütteln und anschließend in ein mit frischem Eis gefülltes Glas abgießen. Alles mit Champagner auffüllen und genießen.

Tipp:

Es ist ratsam, eiskalten Champagner zu verwenden.

Violet Fizz

Vielen Gil-Liebhabern ist die Zubereitung eines „Fizz á la Violett“ zu kompliziert. Da kommt der „Violet Fizz“ genau richtig. Er lässt sich sehr viel schneller und einfacher zubereiten.

Zutaten:

- 3 cl Gin
- 3 cl Crème de Violette
- 2 cl Limettensaft
- 2 cl Zitronensaft
- 2 cl Sahne
- 2 cl Zuckersirup
- 1 Eiweiß
- etwas Sodawasser
- ein paar Eiswürfel

Zubereitung:

Alle Zutaten, außer dem Sodawasser, in einen Cocktailshaker füllen und ordentlich shaken. Etwas Eis beifügen und erneut gut schütteln. Getränk in ein kühles Longdrinkglas geben und mit Sodawasser auffüllen.

Tipp:

Der „Violet Fizz“ lässt sich auch ohne Eis zubereiten.

Moulin Rouge

Der „Moulin Rouge" ist nicht nur geschmacklich, sondern auch optisch ein Hochgenuss.

Zutaten:

- 8 cl Champagner
- 2 cl Gin
- 2 cl Apricot Brandy
- 2 cl Zitronensaft
- ein paar Eiswürfel

Zubereitung:

Alle Zutaten, außer dem Champagner, zusammen mit viel Eis in einen Cocktailshaker geben und kräftig schütteln. Ergebnis in ein Martiniglas gießen und mit eiskaltem Champagner aufgießen.

Tipp:

Als Dekoration eignen sich tiefgefrorene Beeren.

French 75

Der „French 75“ ist kein Kind unserer Zeit. Im Gegenteil! Der Gin-Cocktail wurde während der Prohibition in Harry‘s New York Bar in Paris entwickelt.

Zutaten:

- 10 cl Champagner
- 5 cl Gin
- 4 cl Zitronensaft
- 2 TL Puderzucker
- ein paar Eiswürfel

Zubereitung:

Alle Zutaten, bis auf den Champagner, in einen Cocktailshaker füllen, Eiswürfel beifügen und alles kräftig durchschütteln. Drink in eine Cocktailschale oder einen Sektkelch abseihen und mit Champagner auffüllen.

Tipp:

Der Cocktail wird mit einer Cocktailkrische garniert.

Southside Royal

Der „Southside Royal“ ist ein beliebter Cocktail auf Gin-Basis. Seine Herkunft und Entstehung liegen allerdings im Dunkeln.

Zutaten:

- 2 cl Gin
- 2 cl Limettensaft
- 1 cl Zuckersirup
- 4 Blätter Minze
- etwas Champagner
- ein paar Eiswürfel

Zubereitung:

Zuerst die Minze in den Cocktailshaker geben und vorsichtig zerdrücken. Gin, Limettensaft, Zuckersirup und ein paar Eiswürfel beifügen und alles gut durchschütteln. Cocktail in ein vorgekühltes Martiniglas füllen und mit Champagner auffüllen. Die Eiswürfel bleiben dabei im Shaker.

Tipp:

Statt Champagner kann auch Prosecco verwendet werden.

Royal Orange Blossom

Der „Royal Oronge Blossom“ ist ein Geschmackserlebnis der ganz besonderen Art.

Zutaten:

- 6 cl Mandarine Wodka
- 2 cl Gin
- 2 cl Orangensaft
- etwas Champagner
- viel Eis

Zubereitung:

Alle Zutaten, außer des Champagners, zusammen mit viel Eis in einen Cocktailshaker füllen und ordentlich shaken. Anschließend den Drink in eine Cocktailschale abseihen und mit eiskalten Champagner aufgießen.

Tipp:

Als Garnitur empfiehlt sich eine getrocknete Orangenscheibe.

Gin Sling

Die „Gin Sling“ ist eines der ältesten und bekanntesten Mischgetränke auf Gin-Basis.

Zutaten:

- 4 cl Gin
- 2 cl Zitronensaft
- 2 cl Zuckersirup
- Mineralwasser
- ein paar Eiswürfel

Zubereitung:

Gin, Zuckersirup, Zitronensaft und ein paar Eiswürfel in ein Highballglas zusammen füllen, gut miteinander verrühren und alles mit Mineralwasser auffüllen.

Tipp:

Etwas roter Wermut verleiht dem „Gin Sling“ eine hübsche Farbe.

Fireball

Der „Fireball“ ist eine geschmackliche Überraschung. Der optisch frisch und fruchtig anmutende Cocktail besticht durch eine bittere Note.

Zutaten:

- 3 cl Orangenbitter
- 2 cl Gin
- etwas Tonic Water
- etwas Eis

Zubereitung:

Den Orangenbitter und den Gin in einen Shaker mit füllen und gut durchschütteln. Drink in ein Highballglas abseihen und mit Tonic Water auffüllen.

Tipp:

Als Garnitur empfiehlt sich eine Orangenschale.

Rezepte aus aller Welt

Singapore Sling

Der „Singapore Sling“ erblickte 1915 im Raffles Hotel in Singapur das Licht der Welt. Er gilt noch heute mit zu den Aushängeschildern des Hauses.

Zutaten:

- 15 cl Ananassaft
- 4 cl Gin
- 2 cl Cherry Heering Liqueur
- 2 cl Limettensaft
- 1 cl Grenadine
- 1 cl Cointreau
- 1 cl Bénédictine D.O.M. liqueur
- 15 cl Ananassaft
- ein paar Eiswürfel

Zubereitung:

Alle Zutaten in einen Cocktailshaker geben und ordentlich shaken. Drink in ein hohes Hurricaneglas mit frischem Eis abseihen und kühl genießen.

Tipp:

Der klassische „Singapore Sling“ wird mit einem Blatt Minze, einer Scheibe Zitrone und einer Maraschino-Kirsche garniert. Statt einer Zitronen- kann auch eine Ananasscheibe verwendet werden.

Havana Nights

Ungeachtet seines Namens stammt der „Havanna Nights“ nicht aus Kuba. Er weckt lediglich die Sehnsucht nach dem Urlaubsparadies.

Zutaten:

- 16 cl Limettensaft
- 8 cl Kräuterlimonade
- 4 cl Gin
- 4 cl Rum
- 4 cl Blue Curacao
- 4 cl Orangensaft
- etwas Eis

Zubereitung:

Alle Zutaten, außer dem Blue Curacao, in einen Cocktailshaker füllen und etwas Eis beigeben. Zutaten ordentlich durchschütteln. Blue Caracao in ein Highballglas füllen und den Drink darübergießen. Alles mit einer Orangenscheibe garnieren und servieren.

Tipp:

Für die Zubereitung empfiehlt sich Havana Club Rum.

London Fog

Der „London Fog“ ist ein einfacher aber leckerer Cocktail auf Gin-Basis. Der Absinth verleiht ihm eine neblige Optik.

Zutaten:

- 6 cl Gin
- 2 cl Absinth
- ein paar Eiswürfel

Zubereitung:

Eiswürfel in einen Tumbler füllen und mit Gin und Absinth übergießen. Alle Zutaten gut miteinander vermengen und genießen.

Tipp:

Statt Absinth kann auch Pernod verwendet werden.

London Fog Cutter

Der „London Fog Cutter“ stammt nicht aus der englischen Hauptstadt. Im Gegentail. Der Drink wurden in den Tiki Bars Kaliforniens im Jahre 1930 erfunden.

Zutaten:

- 5 cl Brandy
- 4 cl Apfelsaft
- 5 cl Brandy
- 5 cl brauner Rum
- 2,5 cl Zitronensaft
- 1,5 cl Holundersirup
- 1,5 cl Maracujasirup
- viel Eis
- Crushed Ice

Zubereitung:

Alle Zutaten in einen Cocktailshaker füllen, viel Eis beigeben und alles kräftig durchschütteln. Drink in ein Highballglas füllen und mit etwas Crushed Ice abrunden.

Tipp:

Schirmchen und Strohhalme verleihen dem Cocktail den letzten Schliff.

Last Word

Der „Last Word“ ist einer der klassischen Gin-Cocktails. Er wurde bereits im Jahre 1916 im Athletic Cup in Detroit das erste Mal gemixt.

Zutaten:

- 2 cl Dry Gin
- 2 cl Chartreuse Verte
- 2 cl Maraschino
- 2 cl Limettensaft
- etwas Eis

Zubereitung:

Alle Zutaten in einen Shaker mit Eis geben und gut shaken. Inhalt in eine gekühltes Glas geben und genießen.

Tipp:

Der „Last Word“ wird stilecht in einer Coupette serviert.

Bologna

Der „Bologna" zaubert einen Hauch Italien in Ihr Glas.

Zutaten:

- 2 cl Gin
- 2 cl Aperol
- 2 cl trockener Wermut
- viel Eis

Zubereitung:

Alle Zutaten in ein Rührglas mit viel Eis gießen und gut miteinander vermengen. Drink vorsichtig in eine Cocktailschale gießen und genießen.

Tipp:

Der „Bologna" kommt ohne Verzierung und Dekoration aus.

Long Island Ice Tea

Der „Long Island Ice Tea“ ist ein klassischer Cocktail aus den USA. Der Drink sieht zwar aus wie harmloser Eistee, hat es aber in sich.

Zutaten:

- 2 cl Gin
- 2 cl Wodka
- 2 cl weißer Rum
- 2 cl Triple Sec
- 2 cl Zuckersirup
- etwas Cola
- 1 Zitrone
- viel Eis

Zubereitung:

Alle Zutaten, außer der Cola, in einen Cocktailshaker füllen, viel Eis beigeben und ordentlich shaken. Ergebnis in ein Highballglas geben und mit Cola auffüllen.

Tipp:

Die Zitrone über dem Cocktail ausdrücken und, wenn gewünscht, als Dekoration in den Drink geben.

Hawaiian Orange Blossom

Der „Hawaiian Orange Bloosom" erinnert stark an den „Orange Blossom". Er hat allerdings noch eine fruchtigere Note.

Zutaten:

- 5 cl Gin
- 5 cl Orangensaft
- 2 cl Ananassaft
- 1 cl Triple Sec
- 1 Spritzer Fleurs d'orange
- ein paar Eiswürfel

Zubereitung:

Alle Zutaten in einen Cocktailshaker füllen und ordentlich durchschütteln. Cocktail in ein Coupeglas seihen und genießen. Alternativ kann auch ein gewöhnliches Cocktailglas verwendet werden.

Tipp:

Hawaiianische Klänge und ein „Hawaiian Orange Bloosom" in der Hand sorgen für das Urlaubsfeeling in den eigenen 4 Wänden.

Pink Bubbles

Bei dem „Pink Bubbles" ist der Name noch Programm. Der Cocktail überzeugt durch einen süßlichen Geschmack und eine pinke Farbgebung.

Zutaten:

- 4 cl Gin
- 4 cl Triple sec
- 3 cl Grenadine
- 3 cl Zuckersirup
- 2 cl Limettensaft
- etwas Ananassaft (frisch)
- ein paar Eiswürfel

Zubereitung:

Cocktailshaker mit Eiswürfeln bestücken. Die restlichen Zutaten in den Shaker füllen und alles ordentlich durchschütteln. Drink in ein vorgekühltes Longdrinkglas geben und sofort genießen.

Tipp:

Wer den Cocktail nicht ganz so süß mag kann Crushed Ice verwenden.

Floradora

Der Cocktail „Floradora“ verdankt seinen Namen einem Broadway-Musical über eine Showgruppe aus dem Jahre 1900.

Zutaten:

- 4 cl Gin
- 2 cl Himbeerlikör
- 2 cl Limettensaft
- Ginger Ale
- ein paar Eiswürfel

Zubereitung:

Gin, Limettensaft, Himbeerlikör und ein paar Eiswürfeln in ein Highballglas füllen und gut miteinander vermengen. Alles mit Ginger Ale auffüllen und genießen.

Tipp:

Statt Himbeerlikör kann auch Himbeersirup verwendet werden.

New Orleans Fizz

Den „New Oreans Fizz“ kennt man auch als „Ramos Fizz. Er wurde 1890 in New Orleans von den Ramos Brüdern entwickelt.

Zutaten:

- 5 cl Gin
- 3 cl Zitronensaft
- 1 cl Orangenlikör
- 1 Eiweiß
- 1 TL Zuckersirup
- etwas Mineralwasser

Zubereitung:

Alle Zutaten, außer dem Mineralwasser, in einen Cocktailshaker füllen und ordentlich shaken. Ergebnis in ein hohes Glas abseihen, mit Mineralwasser auffüllen und mit einer Orangenscheibe garnieren.

Tipp:

Als Snack zu einem „New Oreans Fizz“ eignen sich Erdnüsse, Chips oder Salzstangen.

Bombay Crushed

Der „Bombay Crushed“ ist nach der Gin-Marke „Bombay Sapphire“ benannt.

Zutaten:

- 6 cl Gin
- 2 cl Limettensaft
- 4 Kumquats
- 2 TL brauner Zucker
- etwas Crushed Ice

Zubereitung:

Zuerst die Kumquats halbieren. Kumquats zusammen mit dem braunen Zucker in ein Glas geben und unter Beihilfe eines Stößels zerdrücken. Alles mit Crushed Ice auffüllen. Gin und Limettensaft beifügen, alles gut vermengen und kühl genießen.

Tipp:

Etwas Ginger Ale nimmt dem „Bombay Crushed“ ein wenig die Stärke.

Boston Tea Party

Die „Boston Tea Party" ist der Todfeind des „Long Island Ice Tea".

Zutaten:

- 8 cl Sweet & Sour Sirup
- 2 cl Gin
- 2 cl Wodka
- 2 cl heller Rum
- 1 cl Grand Marnier
- 1 cl Tia Maria
- etwas Cola
- ein wenig Eis

Zubereitung:

Alle Zutaten, außer der Cola, in einen Shaker mit Eis füllen und gut durchschütteln. Wenn sich Schaum bildet, ist der Drink fertig. Dann kann er in ein Highballglas mit Eiswürfeln gefüllt und mit Cola aufgegossen werden. Alles gut (aber sorgfältig) verrühren und genießen.

Tipp:

Abschließend (ähnlich wie beim Long Island Ice Tea) 1 Scheibe Zitrone über dem Drink ausdrücken und hineinfallen lassen.

Saketini

Der „Saketini“ ist ein Martini aus Japan.

Zutaten:

- 6 cl Gin
- 1 cl Sake

Zubereitung:

Gin und Sake in einen Shaker füllen und ordentlich shaken. Ergebnis in ein vorgekühltes Martiniglas abseihen und mit einer Spirale aus Zitronenschale garnieren.

Tipp:

Der Sake aus dem Asia-Laden ist besser als der aus dem Supermarkt.

Alabama Slammer

Der „Alabama Slammer“ hat eine süßliche Note. Er wird mit Sloe Gin zubereitet.

Zutaten:

- 4 cl Orangensaft
- 2 cl Sloe Gin
- 2 cl Amaretto
- 2 cl Southern Comfort
- viel Eis

Zubereitung:

Alle Zutaten mit reichlich Eis in einen Cocktailshaker füllen und ordentlich durchschütteln. Drink in ein Highballglas gießen und sofort servieren.

Tipp:

Statt Amaretto kann auch Wodka verwendet werden.

Lychee Martini

Der „Lychee Martini“ ist eine exotische Variante des Martini.

Zutaten:

- 2,5 cl Gin
- 2,5 cl Zuckersirup
- 1 TL Litschisaft aus der Dose
- 1-2 Litschis aus der Dose
- etwas Eis

Zubereitung:

Den Gin, den Zuckersirup, die Eiswürfel und den Litschisaft in einen Shaker füllen und gut durchschütteln. Cocktail in ein vorgekühltes Martiniglas seihen und mit Litchis anrichten.

Tipp:

Es ist ratsam, gekühlte Litchis zu verwenden.

Florida Sling

Der „Florida Sling“ ist ein weiterer Vertreter aus der Sling-Familie.

Zutaten:

- 4 cl Gin
- 4 cl Ananassaft
- 2 cl Kirschlikör
- 2 cl Zitronensaft
- Crushed Ice

Zubereitung:

Alle Zutaten in einen Cochtailshaker füllen und gründlich schütteln. Ein hohes Glas zur Hälfte mit Crushed Ice füllen und das Gemisch darauf abseihen.

Tipp:

Als Garnitur empfiehlt sich eine Maraschino-Kirsche.

Die jungen Wilden – unbekannte Gin-Cocktails

Frisco Club

Der „Frisco Club" ist ein absoluter Newcomer in der Gin-Scene. Er verdankt seinen Namen einen Club in San Francisco.

Zutaten:

- 6 cl Plymouth Gin
- 2,5 cl Grapefruitsaft
- 1,5 cl Blutorangen-Likör
- 1,5 cl Zuckersirup
- 1 cl Fernet Branca
- 1 cl Limettensaft
- 1 Grapefruit-Zeste
- ein paar Eiswürfel

Zubereitung:

Alle Zutaten, bis auf die Grapefruit, in einen Cocktailshaker mit Eiswürfeln füllen und gut durchschütteln. Ergebnis in eine Cocktailschale abseihen und den Saft der Zeste in den Drink träufeln lassen.

Tipp:

Der „Frisco Club" kommt ganz schlicht daher. Er benötigt keine Dekoration.

Sugarplum

Der „Sugarplum" macht seinem Namen Ehre. Der neumodische Gin-Cocktail hat eine süßliche Note.

Zutaten:

- 6 cl Gin (Dry)
- 3 cl Grapefruitsaft (frisch)
- 1,5 cl Grenadine
- ein paar Eiswürfel

Zubereitung:

Alle Zutaten in einen Cocktailshaker geben. Eiswürfel beifügen und alles gut durchshütteln. Drink in eine Coupette abseihen und kühl genießen.

Tipp:

Die Grenadine kann, wenn gewünscht, auch selbst zubereitet werden.

Charlestown

Der „Charlestown ist ebenfalls ein Neuling in der Welt der Gin-Cocktails. Ob die Bezeichnung Auskunft über den Herkunftsort gibt ist nicht bekannt.

Zutaten:

- 1,5 cl Gin (Dry)
- 1,5 cl Cherry Brandy
- 1,5 cl Maraschino
- 1,5 cl Vermouth (Dry)
- 1,5 cl Punt e Mes
- 1,5 cl Blue Curacao
- ein paar Eiswürfel

Zubereitung:

Eiswürfel in einen Cocktailshaker füllen. Alle Zutaten beifügen und gut shaken. Drink in eine Cocktailschale seihen und „nackt“ servieren.

Tipp:

Statt einer Cocktailschale kann auch eine Coupette verwendet werden.

Gin and Milk

Mal was anderes! Im Gegensatz zu nahezu allen anderen Gin-Cocktails wird der „Gin and Milk“ mit einem Löffel serviert.

Zutaten:

- 5 cl Gin (Dry)
- etwas Vollmilch (frisch)

Zubereitung:

Eis in einen Tumbler geben und mit Gin übergießen. Die Vollmilch in ein Kännchen füllen und zusammen mit einem Löffel zum Drink reichen.

Tipp:

Jeder kann selbst bestimmen, wie viel oder wie wenig Milch er in seinen „Gin and Milk“ haben möchte.

Silver Fizz

Der „Silver Fizz“ ist ein noch verhältnismäßig junges und ungekanntes Mitglied in der großen Fizz-Familie.

Zutaten:

- 6 cl Gin (Old Tom)
- 3 cl Zitronensaft (frisch)
- ½ EL Zucker
- 1 Eiweiß
- etwas Soda
- ein paar Eiswürfel

Zubereitung:

Gin, Zitronensaft und Zucker in das Glasteil eines Cocktailshakers füllen. Etwas Soda beifügen und so lange verrühren, bis sich der Zucker aufgelöst hat. Als nächstes werden das Eiweiß und ein paar Eiswürfel hinzugegeben. Jetzt werden alle Zutaten ordentlich geshaket und in ein kühles Cocktailglas mit Eiswürfeln abgeseiht. Der Drink wird abschließend mit Soda aufgefüllt und kühl serviert.

Tipp:

Als Glas für den „Silver Fizz“ empfiehlt sich ein Highballglas.

Dôme Cocktail

Auch der Dôme Cocktail führte über viele Jahre hinweg ein Schattendasein. Er wurde bereits 1935 im Café Dôme Paris entwickelt und war in der Pariser Bohème sehr begehrt.

Zutaten:

- 3 cl Dubonnet
- 3 cl Gin
- 3 cl Anisette
- 3 TL Orangenatsirup

Zubereitung:

Alle Zutaten in einen Shaker füllen und für mehrere Sekunden schütteln. Ergebnis in ein vorgekühltes Cocktailglas gießen und kühl genießen.

Tipp:

Der Dôme Cocktail ist ein fruchtig-frisches Erlebnis.

Salina

Der „Salina" zählt zu Unrecht zu den Außenseitern unter den Gin-Cocktails. Er wurde von dem Barchef Christian Heiss in der Kronehalle Bar in Zürich kreiert.

Zutaten:

- 4 cl Gin
- 2 cl Zitronensaft
- 1 cl Mandelsirup
- 1 cl Maraschino
- ½ Orange
- ein paar Eiswürfel

Zubereitung:

Zuerst wird die Orange geviertelt und in einem Cocktailshaker zerkleinert. Hierfür empfiehlt sich ein Stößel. Als nächstes werden die restlichen Zutaten hinzugegeben und alles kräftig geschüttelt. Im nächsten Schritt wird ein Tumbler mit Eiswürfeln befüllt. Der Cocktail wird jetzt durch ein Barsieb abgeseiht und sofort serviert.

Tipp:

Statt Maraschino kann auch Amaretto verwendet werden.

Sunset Gun

Es müssen nicht immer die Klassiker sein. Wer gerne etwas wagt und sich an unbekannte Gin-Cocktails herantraut, für den ist der „Sunset Gun“ wie geschaffen.

Zutaten:

- 2 Kaffirlimettenblätter (frisch)
- 6 cl Gin (Dry)
- 3 cl Limettensaft (frisch)
- 1, 5 cl Orgeat
- 1 cl Velvet Falernum
- ein wenig Eis

Zubereitung:

Kaffirlimettenblätter in einen Cocktailshaker geben und unter Beihilfe eines Muddlers andrücken. Alle restlichen Zutaten ebenfalls in den Shaker geben und für mehrere Sekunden shaken. Drink in eine kühle Coupette seihen und genießen.

Tipp:

Es ist ratsam, den Cocktail doppelt abzuseihen.

Gypsy Eyes

Ein weiterer unbekannter aber dadurch nicht weniger interessanter Cocktail auf Gin-Basis ist der „Gypsy Eyes".

Zutaten:

- 4,5 cl Gin (Dry)
- 1,5 cl Aperol
- 1,5 cl Limettensaft
- 1,5 cl Grapefruitsaft
- 1 cl Zuckersirup
- etwas Chartreuse (grün)
- etwas Eis

Zubereitung:

Coupette kühlen und mit etwas Chartreuse ausspülen. Die restlichen Zutaten in einen Cocktailshaker mit Eiswürfeln geben und gut durchschütteln. Cocktail in die Coupette abseihen und kühl servieren.

Tipp:

Die „Gypsy Eyes" benötigen keine Dekoration.

Kon-Tiki Tropical Itch

Der „Kon-Tiki Tropical Itch“ ist ein tropisch-fruchtiger Gin-Cocktail. Er muss sich in der Szene allerdings erst noch etablieren und ist nur den wagemutigen Gin-Liebhabern ein Begriff.

Zutaten:

- 3 cl Gin
- 3 cl Rum (weiß)
- 1,5 cl Limettensaft
- 1 cl Zimtsirup
- 3 Mangowürfel (frisch)
- 2 Tropfen Mandelaroma
- etwas Crushed Ice

Zubereitung:

Alle Zutaten in einen Blender geben und ungefähr 30 Sekunden blenden. Drink in ein Highballglas füllen und sofort genießen.

Tipp:

Statt einem Blender kann auch ein Mixer verwendet werden.

Gin Pine

Im 19. Jahrhundert entstanden viele Cocktails und Longrinks auf Gin-Basis. Einige wurden Klassiker – einige blieben eher im verborgenen. Ein (zu Unrecht) vergessener Gin-Cocktail dieser Zeit ist der Gin Pine.

Zutaten:

- 57 g Kiefernholz (kleine Stückchen)
- 1 l Gin

Zubereitung:

Holz in eine Karaffe geben und den Gin beifügen. Alles für ungefähr 2 Stunden ziehen lassen. „Gin Pine" auf Cocktailgläser verteilen und genießen.

Tipp:

Je länger man den „Gin Pine" ziehen lässt, desto würziger und aromatischer wird er.

Bebbo Cocktail

Der „Bebbo Cocktail“ ist eine interessante Variante des „The Bee's Knee“. Er hat nur leider nicht eine solche Popularität erlangt.

Zutaten:

- 4,5 cl Gin
- 3 cl Zitronensaft (frisch)
- 1,5 cl Honig
- 1 cl Orangensaft
- etwas Eis

Zubereitung:

Alle Zutaten, außer dem Eis, in einen Cocktailshaker füllen und gut schütteln. Sobald sich der Honig aufgelöst hat, ist der Cocktail fertig. Etwas Eis beifügen und erneut für einige Sekunden schütteln. Abschließend den Drink in eine Cocktailschale abseihen und kühl genießen.

Tipp:

Als Dekoration empfiehlt sich eine Cocktailkirsche.

Zum guten Schluss...

Ganz gleich, ob sie nun bereits das eigene Gin Start Up planen, eine Reise nach London auf den Spuren von Madame Geneva oder doch nur das Getränkeangebot für die nächste Party, die Lektüre dieses Buches hat sie hoffentlich neugierig gemacht auf den Gin in allen seinen Spielarten. Ich entlasse sie mit einem berühmten Bonmots der zweiten großen Martini-Verfechterin, neben James Bond, der New Yorker Society-Dame Dorothy Parker: „Ob ich mich amüsiere? Noch ein Martini und ich liege unterm Gastgeber!"

Und damit sind wir am Ende angekommen. Am Ende dieses Buches und am Ende unseres gemeinsamen Ausflugs in die Welt des Gins. Noch lange nicht am Ende ist hingegen die neue, dritte Blütezeit des Gins. Nach der Londoner Gin Craze des 18. Jahrhunderts und den wilden 1920er Jahren der Prohibitionszeit in den USA, erleben wir alle gerade ein weiteres Stück Gin-Geschichte hautnah mit. Sie haben nun alle Werkzeuge in der Hand, um das Beste daraus zu machen und mit den 80 teils klassischen, teils verspielten, teils luxuriösen Cocktailrezepten noch weitere Gin-Fans aus ihrem Bekannten- und Freundeskreis zu rekrutieren. Dabei wünsche ich ihnen viel Spaß und gutes Gelingen.

Ich möchte mich herzlich bedanken, dass sie sich bei der riesigen Auswahl von Büchern zum Thema Gin gerade für meines entschieden haben und hoffe, dass sie ihre nächste Cocktailparty nun gar nicht mehr erwarten können. Der Gin jedenfalls ist dabei ein wirklich vielseitiger Komplize.

Rechtliches Impressum

Calvin Williams wird vertreten durch:

Finn Dubbels - Online Marketing
Finn Dubbels
Nagelsweg 22a
20097 Hamburg

Cover:
5PH - Shutterstock.com
bearbeitet von Oliviaprodesign - fiverr.com

Haftung für externe Links
Das Buch enthält Links zu externen Webseiten Dritter, auf deren Inhalt der Autor keinen Einfluss hat. Deshalb kann für die Inhalte externer Inhalte keine Gewähr übernommen werden. Für die Inhalte der verlinkten Webseiten ist der jeweilige Anbieter oder Betreiber der Webseite verantwortlich. Die verlinkten Seiten wurden zum Zeitpunkt der Verlinkung auf mögliche Rechtsverstöße überprüft. Rechtswidrige Inhalte waren zum Zeitpunkt der Verlinkung nicht erkennbar. Eine permanente inhaltliche Kontrolle der verlinkten Webseiten ist jedoch ohne konkrete Anhaltspunkte einer Rechtsverletzung nicht zumutbar. Bei Bekanntwerden von Rechtsverletzungen werden derartige Links umgehend entfernt.